Reise durch Irland

Die schönsten Nationalparks entdecken

FSC
www.fsc.org
MIX
Paper from responsible sources
FSC® C014521

1. Auflage

Lektorat, Umschlaggestaltung, Layout und Satz: MANA-Verlag
Druck: Dardedze, Riga, EU

Bibliografische Informationen der Deutschen Nationalbibliothek:
Die Deutsche Nationalbibliothek verzeichnet diese Publikation in der Deutschen Nationalbibliografie; detaillierte bibliografische Daten sind im Internet abrufbar unter
http://dnb.dnb.de.

ISBN 978-3-95503-192-3

Sie finden unser gesamtes Programm unter
www.mana-verlag.de

Carsten Krieger

Reise durch Irland

Die schönsten Nationalparks entdecken

MANA

INHALT

VORWORT

Im Jahr 2002 packten meine Frau und ich unsere Sachen in Deutschland, um uns an Irlands Westküste niederzulassen. Für mich persönlich bedeutete das nicht nur, in einem neuen Land zu leben, sondern auch, einen neuen Beruf auszuüben. Ich hatte seit meiner Kindheit davon geträumt, meinen Lebensunterhalt als Natur- und Landschaftsfotograf zu verdienen. Natürlich hatte ich auch das höhere Ziel, durch meine Arbeit der Menschheit die Natur näher zu bringen und dadurch meinen eigenen kleinen Beitrag zum Umweltschutz zu leisten.

Wie sich allerdings herausstellte, unterschied sich die Realität ein wenig von den Träumen. Über die Jahre verwandelte ich mich von einem Natur- und Landschaftsfotografen voller Ambitionen und Träume zu einem Fotografen mit zwei Kindern und Schulden. Heute arbeite ich vorwiegend für Verlage und Tourismusorganisationen und fotografiere so ziemlich alles: Landschaften, Natur, Tiere, Pflanzen, Menschen und Nahrungsmittel. Im Großen und Ganzen ist das keine schlechte Sache, die Abwechslung an Motiven sorgt dafür, dass keine Langeweile aufkommt und hilft mir außerdem dabei, meine Fotografie weiterzuentwickeln. Auf Anregung meines irischen Verlegers aber wuchs der Textanteil von Buch zu Buch und inzwischen macht mir das Schreiben großen Spaß.

▼ *Seehunde*

All das führte am Ende zu diesem Buch. „Reise durch Irland" ist allerdings kein Reiseführer im klassischen Sinn. Im Herzen bin ich nämlich immer noch vorrangig Fotograf, die Bilder in diesem Buch spielen deshalb eine wichtige Rolle. Es ist mir aber ebenso wichtig, die Geschichte der irischen Landschaft zu erzählen und einige der unberührtesten Flecken dieser Insel vorzustellen.

Wie die meisten Bücher erhebt auch dieses Werk keinen Anspruch auf Vollständigkeit. Es ist vielmehr ein erster Schritt, um Irland und seine Landschaften zu erfahren, zu erforschen und zu verstehen. Ich hoffe, du, der Leser, hast dabei genauso viel Spaß wie ich über die letzten zwei Jahrzehnte.

▲ *Basstölpel*

May the road rise up to meet you.
May the wind be always at your back.
May the sun shine warm upon your face.

Irischer Segensspruch, Autor unbekannt

EINLEITUNG

Eine kleine irische Naturgeschichte

Irland ist eine Insel am nordwestlichen Rand Europas, umgeben von der Irischen See und dem St. George's-Kanal im Osten und dem Atlantik im Westen. Das Land liegt auf dem gleichen Breitengrad wie Neufundland und Moskau. Dank dem Golfstrom, der warmes Wasser aus den Tropen direkt an Irlands Westküste spült, genießt Irland allerdings ein weitaus milderes Klima als diese beiden Orte. Im Durchschnitt liegen die Temperaturen bei etwa 8 Grad im Winter und 18 Grad im Sommer. Frost, Eis und Schnee sind sehr selten und die wenigen und kurzen Wintereinbrüche stürzen die Insel in der Regel in ein Verkehrschaos. Heiße und trockene Sommer sind ebenfalls selten. Temperaturen über 20 Grad gelten als Hitzewelle und an solchen Tagen findet man den Großteil der irischen Bevölkerung am Strand. Der Frühling (vor allem April und Mai) und der Herbst (vor allem September und Oktober) gelten statistisch gesehen als die trockenste und oft auch sonnigste Zeit des Jahres. Der irische Sommer, besonders der Juli und August, ist in der Regel eher nass und kühl und unterscheidet sich kaum vom irischen Winter. Böse Zungen behaupten sogar, dass der einzige Unterschied zwischen den beiden Jahreszeiten darin liegt, dass der Regen im Sommer etwas wärmer sei.

▲ *Deckenmoor im Killarney-Nationalpark*

Die Westküste und hier besonders die bergigen Gegenden in den Grafschaften Kerry und Galway bekommen am meisten Regen ab, oft mehr als 2000 Millimeter im Jahr. Am trockensten ist die Hauptstadt Dublin mit rund 750 Millimetern im Jahr. Der irische Regen fällt in verschiedenen Formen, von einem kaum wahrnehmbaren, nebelartigen Niederschlag, bekannt als Drizzle, bis hin zu windgepeitschtem Platzregen, der mehr waagerecht als senkrecht auf die Erde fällt. In jedem Fall ist man ohne anständige Regenbekleidung innerhalb von Minuten nass bis auf die Knochen.

Neben dem Regen ist Wind ein fester Bestandteil des irischen Wetters. Es gibt kaum Tage ohne eine Brise und komplett windstille Tage kann man jedes Jahr an einer Hand abzählen. Meistens weht der Wind aus Westen und bringt dabei Tiefdruckgebiete vom Atlantik mit sich. Der seltenere Ostwind wiederum bringt häufig Hochdruckgebiete vom Kontinent.

Stürme und Orkane finden ihren Weg regelmäßig nach Irland und haben über die Jahre immer wieder für Verwüstung gesorgt. Eines der schlimmsten und ein heute nahezu legendäres Unwetter, das als „The Night of the Big Wind" in die Geschichte einging, traf Irland am 6. Januar 1839. Alles begann am 5. Januar mit einem un-

▲ *Seltener Wintereinbruch am Loop Head, County Clare*

gewöhnlich heftigen Schneesturm, gefolgt von einem ruhigen und für diese Jahreszeit sehr warmen Tag, der allen gefallenen Schnee zum Schmelzen brachte. Am Nachmittag des gleichen Tages erreichte ein Tiefdruckgebiet vom Atlantik die irische Westküste und traf auf die vorherrschende Warmfront. Wie sich herausstellte, war das eine explosive Mischung: Gegen Abend begann der Wind zuzunehmen, um halb elf hatte er Sturmstärke erreicht und um Mitternacht wütete er mit geschätzten Windgeschwindigkeiten von bis zu 200 Kilometern pro Stunde. Der Sturm forderte um die 300 Todesopfer, ein Viertel aller Häuser in Dublin wurde zerstört und 42 Schiffe in den Häfen entlang der irischen Küste wurden stark beschädigt oder versenkt.

Im Jahr 1961 wütete Sturm Debbie mit bis zu 180 Stundenkilometern und forderte elf Todesopfer. Zwischen Dezember 2013 und Februar 2014 zerstörte eine Reihe von Stürmen einen Großteil der Infrastruktur entlang der Westküste, darunter Sturm Darwin, der am 12. Februar 2014 die mit 25 Metern bis zu diesem Zeitpunkt höchste jemals gemessene Welle in irischen Gewässern produzierte. Der Sturm Ophelia brach diesen Rekord mit 26 Metern im Oktober 2017.

Die Stärke und Frequenz dieser Stürme hat in den letzten Jahren deutlich zugenommen und – zusammen mit anderen extremen Wetterphänomenen – deutet dies auf eine Manifestation des Klimawandels in Irland hin. Was aus dem guten, alten und oft zitierten irischen Wetter werden wird, ist schwer zu sagen. Die am meisten vertretene Theorie lautet, dass Irland ein verstärkt kontinentales Klima zu erwarten hat, mit wärmeren und trockeneren Sommern und kälteren Wintern einschließlich vermehrter Sturmaktivität. Ein großes Fragezeichen steht auch hinter der Zukunft des Golfstroms. Der sich ändernde Salzgehalt der Meere, verursacht durch schmelzende Gletscher in der Arktis und Antarktis, könnte eine Verlangsamung oder Versiegung des Golfstroms nach sich ziehen, mit potentiell gravierenden Folgen für Irland und das übrige Nordeuropa.

Ein sich änderndes Klima ist per se allerdings nichts wirklich Neues. Über die Zeit erlebte Irland eine Reihe von Klimaverände-

▼ *Sonnenuntergang am Kenmare River, County Kerry*

rungen, die für die Entstehung einer typisch irischen Landschaft verantwortlich waren: die weiten Deckenmoore der Westküste und die Hochmoore im Landesinneren. Um die heutige irische Landschaft zu verstehen, sollte man in der naturhistorischen Zeitleiste jedoch ganz vorne beginnen, nämlich vor etwa 400 Millionen Jahren.

Damals schlossen sich die beiden Hälften, aus denen Irland besteht, zusammen. Vor diesem Zeitpunkt lag ein weiter Ozean, der Iapetus, zwischen den beiden Teilen. Der heutige Nordwesten Irlands war Teil des Kontinents Laurentia und in der Gesellschaft von Schottland, Norwegen und der kanadischen Ostküste. Der Südosten war – gemeinsam mit England, Wales und Nordfrankreich – Teil von Avalonia. Der Zusammenschluss der beiden Kontinente Laurentia und Avalonia resultierte schließlich in dem Superkontinent Pangäa, der sich in den folgenden Jahrmillionen langsam aber stetig seinen Weg von der Südhalbkugel der Erde in Richtung Äquator bahnte. Vor etwa 340 Millionen Jahren begannen die Prozesse, die schließlich den Grundstein für das heutige Irland legten. Ein Teil des Kontinents Pangäa, ein Gebiet, das etwa dem heutigen Westeuropa entspricht, verschwand unter einem flachen, warmen Ozean. Darin gediehen vor allem Korallen und Schalentiere, deren Überreste eines der Grundgesteine Irlands bildeten: Kalkstein, der heute ungefähr die Hälfte der irischen Landmasse bildet. An Pangäas Küste transportierten Flüsse Sand und Schlick in den Ozean, und diese Ablagerungen verhärteten sich schließlich zu Sandstein und Schiefer. Vor 300 Millionen Jahren entstanden die Berge im Süden Irlands, die heute Gebirge wie die MacGillycuddy's Reeks oder die Caha Mountains bilden. Die Ursache lag in einer Kollision zwischen der Europäischen und Afrikanischen Kontinentalplatte, die neben den genannten irischen Bergen auch das Harzgebirge und andere Bergketten auf dem Kontinent entstehen ließ. Es wird heute vermutet, dass diese Gebirge weitaus höher waren als der heutige Himalaya und folglich das Klima auf Pangäa radikal beeinflussten. Die sanften Berge der Grafschaften Kerry, Cork und Waterford sind heute allerdings nur noch eine entfernte Erinnerung an dieses Supergebirge.

Das Ende von Pangäa wurde vor etwa 200 Millionen Jahren eingeläutet. Der Superkontinent begann auseinanderzubrechen und Irland näherte sich seiner heutigen Position auf der Erdkugel.

▸ *Strandgrasnelken an der Clare Küste*

Vor etwa 55 Millionen Jahren begannen schließlich aufsteigende, heiße Felsmassen, den Europäischen und Amerikanischen Kontinent auseinanderzuschieben, was wiederum Risse im Meeresboden und Lavaausbrüche nach sich zog. Die Überreste dieser Ereignisse findet man heute in der Grafschaft Antrim und anderen Orten entlang Irlands Nordküste. Am bekanntesten ist vermutlich der Giant's Causeway, ein Küstenabschnitt, der aus tausenden von hexagonalen Basaltsäulen besteht und der sich unter Wasser bis zur schottischen Küste auf Staffa erstreckt.

Das letzte Kapitel in Irlands Entstehungsgeschichte ist schließlich die Eiszeit, eine Abfolge von sehr kalten und etwas wärmeren Perioden, die Irland für immer veränderten. Vor etwa 17 Millionen Jahren entstanden die Polarkappen als Folge stark schwankender, aber generell sinkender Temperaturen. Über die folgenden Jahrmillionen wuchs und schrumpfte das Eis der Arktis und Antarktis in mehr oder weniger regulären Zyklen. In dieser Zeit verschwanden Irland und große Teile von Nordeuropa immer wieder unter einer dicken Eisschicht und es waren diese Gletscher, die Irlands Landschaft in ihre heutige Form brachten. Besonders die beiden letzten Kaltperioden, bekannt als Munsterian und Midlandian, sind verantwortlich für einige der eindrucksvollsten irischen Landschaften wie zum Beispiel die großen Halbinseln der Südwestküste, die Insellandschaft der Clew Bay und dem Karst des Burren.

Die letzten Gletscher verschwanden vor ungefähr 10.000 Jahren, was allerdings nicht bedeutet, dass es in Irland in den vorhergehenden Jahren keine Lebewesen gab. Kurze Wärmeperioden erlaubten Pflanzen und Tieren immer wieder, sich zu etablieren. Der Fund eines Knochens der Fleckenhyäne führte zu der Theorie, dass das Klima in Irland vor etwa 45.000 bis 20.000 Jahren von tundraartigen Elementen geprägt war. Vermutlich teilte sich die Fleckenhyäne das Land unter anderem mit dem Mammut, Wolf, Braunbär, Rentier und dem imposanten Megaloceros, auch bekannt als Riesenhirsch oder Irischer Elch. Mit sinkenden Temperaturen vor etwa 25.000 Jahren und der anschließenden letzten Vergletscherung wurde die Tier- und Pflanzenwelt jedoch wieder in Richtung Kontinent zurückgedrängt. Als sich die Gletscher vor etwa 10.000 Jahren letztmals zurückzogen, waren das Rentier und der Megaloceros die ersten Tiere, die sich wieder etablierten, gefolgt von Rothirsch, Wolf, Braunbär, Feldhase und Wiesel. Wie und

▲ *Lough Ree, County Westmeath*

wann genau diese Tiere und die dazugehörige Pflanzenwelt nach Irland kamen, ist immer noch unklar. Heute wird vermutet, dass Landbrücken im Süden zwischen Wales und der Grafschaft Wexford und im Norden zwischen Schottland und der Grafschaft Antrim als „Einreiserouten" für die Tiere und Pflanzen dienten. Ein Rätsel stellen allerdings immer noch die sogenannten hiberno-englischen Arten dar. Diese Gruppe umfasst Tiere und Pflanzen, die sowohl im nördlichen Spanien und Portugal als auch in Irland vorkommen. Die Frage, ob diese Arten Irland über eine Landbrücke oder erst viel später gemeinsam mit den ersten menschlichen Siedlern als blinde Passagiere in einem Boot erreicht haben, wird vermutlich nie ganz geklärt werden.

Mit dem Rückzug der Gletscher und steigenden Temperaturen änderte sich Irlands Landschaft kontinuierlich, bis sich vor etwa 13.000 Jahren die Tundra etablierte. Die anfangs kargen Grasflächen verwandelten sich schon bald in fruchtbares Grünland. Eine der ersten Blumen war vermutlich Mädesüß, das auch heute noch die Wiesen und Straßenränder Irlands säumt. Wacholder war der erste Busch, der sich in der Tundra niederließ, gefolgt von Silberbirke und Hasel. Diese drei legten innerhalb relativ kurzer Zeit den Grundstock für Irlands Wälder. Die ersten Kiefern wuchsen vor etwa 9500 Jahren und breiteten sich schnell über die gesamte Insel aus.

Nur kurze Zeit später erschien der Mensch auf der irischen Bildfläche und lebte zunächst als Jäger und Sammler in den Küstengebieten, wobei er nur wenig Einfluss auf das Landschaftsbild hatte. Das änderte sich allerdings, als aus den Jägern und Sammlern Bauern wurden. Neben der Erstellung der ersten großen Monumente wie zum Beispiel dem Poulnabrone-Dolmen vor 5800 Jahren und Newgrange vor 5200 Jahren fielen auch die ersten Waldgebiete der Rodung zum Opfer, zum einen, um Baumaterial zu gewinnen, zum anderen, um Felder anzulegen.

▼ *Trocknender Torf auf Aranmore Island, County Donegal*

▲ *Die Ceide Fields, County Mayo*

Zu einem letzten großen Wandel kam es im Bronzezeitalter vor etwa 3000 Jahren, als sich das irische Klima sehr schnell und radikal änderte. Es wurde milder und feuchter, ähnlich dem heutigen Klima. Infolgedessen entstanden die Decken- und Hochmoore. Wirft man einen Blick auf manche der atlantischen Deckenmoore sieht man sehr deutlich, dass dieser Klimawandel sehr schnell vonstatten gegangen sein muss. Viele Wälder wurden von den rasch wachsenden Mooren regelrecht verschluckt. An manchen Orten sieht man Überreste großer Waldflächen, Baumstümpfe eingebettet in Torf so weit das Auge reicht. Im Norden der Grafschaft Mayo entdeckte man unter mehreren Metern von Torf ein System von Mauern, die einst eine Reihe von Feldern eingeschlossen hatten. Die Céide Fields sind eine der ältesten Kulturlandschaften Europas mit Ursprüngen in der Steinzeit. Es gibt zwar keine Hinweise, warum und wann genau die Céide Fields verlassen wurden, es liegt aber nahe zu vermuten, dass vermehrter Niederschlag eine landwirtschaftliche Nutzung der Gegend nicht mehr zuließ und die verlassenen Felder vom schnell wachsenden Deckenmoor überrannt wurden.

Dieser Klimawandel, die daraus resultierende Entstehung der Moore, fortschreitende Waldrodung und die über die folgenden

Jahrhunderte zunehmende Landwirtschaft verwandelten Irland schließlich in das Land der Felder, Hecken und Mauern, wie wir es heute kennen. Irland hat zwar seit jeher den Ruf, wild und unberührt zu sein, was von der Fremdenverkehrsindustrie seit Jahrzehnten ausgenutzt wird, um Besucher anzulocken. Im eigentlichen Sinn dieser Worte ist Irland allerdings nicht wirklich wild und noch viel weniger unberührt.

Die heutige irische Landschaft wurde über Jahrtausende von Menschen geschaffen, und die einzige wahre Wildnis findet sich auf einigen wenigen Berggipfeln und Küstenabschnitten. Steinmauern, Hecken, Ruinen von Schlössern, Häusern und andere Monumente definieren die irische Landschaft und es ist sehr schwer, sich Irland ohne diese von Menschen erschaffene Strukturen vorzustellen.

Die enge Verbindung zwischen Landschaft und Mensch spiegelt sich auch in vielen irischen Geschichten und Legenden wider und hat in vielerlei Hinsicht bis zur Gegenwart überlebt: Freistehende Weißdornbüsche gelten seit jeher als unantastbar, in der Grafschaft Clare musste sogar der Verlauf einer neuen Autobahn einem

▼ *Ein Fasan im County Cavan*

alten Weißdorn weichen. In der Mündung des Shannon existieren Kraftwerke und ein reger Schiffsverkehr Seite an Seite mit Großen Tümmlern und Seehunden. Die Landwirtschaft fokussiert sich vielerorts auf traditionellere Praktiken und versucht, ein Gleichgewicht zwischen Natur und Kommerz zu bewahren. Ein besonderes Aushängeschild ist der Burren, eine Karstlandschaft aus Kalkstein in der Grafschaft Clare. Landwirtschaft und Umweltschutz gehen hier Hand in Hand, um eine besondere Landschaft mit einmaliger Flora und Fauna zu erhalten.

Natürlich hat auch Irland Umweltprobleme: Plastikmüll ist vor allem an der Küste allgegenwärtig. Der Kohlendioxidausstoß ist einer der höchsten in Europa und viele von Irlands empfindlichen Ökosystemen stehen zunehmend unter Druck. Die Ursache dieser Probleme sind leider auch Irlands größte Einnahmequelle und Arbeitgeber: die Landwirtschaft und der Tourismus. Tourbusse, Mietwagen und Kühe sind für einen großen Teil der in Irland produzierten Treibhausgase verantwortlich. Chemischer Dünger und Gülle gefährden Grundwasser, Flüsse und Seen. Steigende Besucherzahlen haben auch nicht unbedingt einen positiven Einfluss auf Irlands Natur. Achtlos weggeworfener Müll ist nur ein Teil des Problems, oft wird die Landschaft unwissentlich zerstört: Das Bauen von Miniaturdolmen, Einritzen von Namen in Stein und Querfeldein-Exkursionen ohne Planung und Hintergrundwissen können unheilbare Wunden in Irlands Landschaft hinterlassen.

Umweltschutz beginnt mit persönlichem Verhalten und der ***Country Code*** ist ein guter Anfang:

- *Be safe – plan ahead and follow any signs*
- *Leave gates and property as you find them*
- *Protect plants and animals, and take your litter home*
- *Keep dogs under close control*
- *Consider other people*

Oder in einem Satz:
„Take only memories, leave only footprints."
(„Nimm ausschließlich Erinnerungen mit, hinterlasse nur Fußabdrücke.")

▲ *Blick über die Shannon-Mündung*

▸ IRLAND

Politisch besteht die Insel aus zwei Ländern, der unabhängigen Republik Irland oder auch Eire sowie Nordirland, das zu Großbritannien gehört. Die gesamte Insel ist in vier Provinzen unterteilt: Leinster im Osten, Munster im Südwesten, Connaught im Westen und Ulster im Norden. Diese Provinzen sind dann wiederum in Grafschaften unterteilt. Die Provinzen Leinster, Munster und Connaught gehören zur Republik Irland, während die Provinz Ulster ein Opfer der Aufteilung der Insel wurde: Drei Grafschaften (Monaghan, Cavan und Donegal) gehören zur Republik, die anderen sechs bilden Nordirland.

Der Hintergrund für Irlands Aufteilung ist eine jahrhundertelange Besetzung der gesamten Insel durch England, ein ebenso langer Freiheitskampf von irischer Seite und ein blutiger Bürgerkrieg, bekannt als „The Troubles", der in den letzten Jahrzehnten des 20. Jahrhunderts nahezu 4.000 Todesopfer forderte. Seit dem „Good Friday Agreement", das die Auseinandersetzungen 1998 beendete, ist endlich Frieden eingekehrt. Die Grenze zwischen den beiden Ländern ist offen und man bemerkt kaum, dass man die Republik verlassen und Nordirland betreten hat.

BREXIT

Seit Januar 2020 ist Großbritannien – und damit auch Nordirland – kein Mitglied der EU mehr. Im Großen und Ganzen hat sich allerdings an der Situation auf der irischen Insel nicht viel geändert. Die Grenze zwischen der Republik Irland und Nordirland ist weiterhin offen und es sind keine Grenzkontrollen geplant.

Seit September 2021 benötigen EU-Bürger einen Reisepass, um in das Vereinigte Königreich inklusive Nordirland einzureisen, es ist allerdings eher unwahrscheinlich, dass Reisende, die zwischen der Republik und Nordirland pendeln, kontrolliert werden. Die Gültigkeit der Europäischen Krankenversicherungskarte ist im Augenblick nicht klar. Die offiziellen Informationskanäle sagen aus, dass die Karte vorübergehend gültig bleibt, empfehlen aber gleichzeitig den Abschluss einer Reisekrankenversicherung.

ANREISE

Nach Irland gelangt man entweder per Flugzeug oder Fähre. Die großen Flughäfen befinden sich in Dublin, Belfast, Cork und Shannon. Kleinere Flughäfen gibt es in Farranfore (Kerry Airport) und Knock (Knock Airport).

Mit dem Auto erreicht man Irland am schnellsten mit der Fähre über Großbritannien, es gibt aber auch Fähren direkt von Frankreich nach Irland.

Reisen in Irland

In Irland kommt man am besten mit dem eigenen Auto oder Mietauto voran. Es gibt zwar ein öffentliches Verkehrssystem, Busse (Bus Eirean) und Bahnen (Irishrail) verkehren aber vorwiegend nur zwischen größeren Städten. Ländliche Gegenden werden kaum oder gar nicht angefahren.

Unbedingt zu beachten ist, dass in Irland Linksverkehr herrscht. Geschwindigkeitsbeschränkungen und Entfernungsangaben sind in der Republik in Kilometer angegeben, in Nordirland in Meilen. Die erlaubte Höchstgeschwindigkeit liegt auf Autobahnen (Motorway) bei 120 Stundenkilometern, auf Landstraßen (National Roads) gelten maximal 100 Stundenkilometer und auf Nebenstraßen maximal 80 Stundenkilometer.

Reisezeit

Als beste Zeit für einen Irlandbesuch eignen sich der Frühling und Herbst. Statistisch gesehen sind April, Mai, September und Oktober die trockensten und sonnigsten Monate. In dieser Zeit sind auch weniger Urlauber unterwegs, und Preise für Unterkünfte sind meist billiger als in der Hauptreisezeit.

Den irischen Sommer sollte man meiden. Zum einen ist das Wetter meist nass und eher kühl. Zum anderen fallen in den Juli und August sowohl die touristische Hauptsaison als auch die Sommerferien. Das bedeutet: Neben ausländischen Urlaubern sind in dieser Zeit auch die Iren selbst unterwegs.

Der Winter kann unter Umständen auch sehr attraktiv sein. Es gibt kaum etwas Schöneres als einen frischen, sonnigen Wintertag in Irland. Unglücklicherweise sind diese eher rar gesät. Ein irischer Wintersturm kann aber ebenfalls zu einem unvergesslichen Erlebnis werden.

Unterkunft

Bed & Breakfast stellt bei Irland-Touristen die beliebteste Unterkunftsart dar. Zu Beginn handelte es sich dabei um ein einfaches Zimmer in einem Privathaus mit Frühstück und Familienanschluss, also um ein authentisches Stück Irland. Heute sind die meisten B&Bs zweckgebaut, haben einen sehr hohen Standard und erinnern mehr an ein Hotel. Dafür sind sie aber immer noch sehr preiswert.

Hostels eignen sich als günstigere Alternative zu B&Bs und bieten häufig neben dem traditionellen Schlafsaal auch Vierbett- und Doppelzimmer an. Frühstück muss man allerdings in der Regel selbst zubereiten.

Natürlich gibt es auch Hotels in verschiedenen Preisklassen, von der normalen Bettenburg bis zum exklusiven Schlosshotel.

ESSEN UND TRINKEN

Klassische irische Getränke und Gerichte gibt es nur sehr wenige. Am bekanntesten sind vermutlich das Irish Stew, ein Eintopf mit Lammfleisch, und das Irish Breakfast, ein umfangreiches Frühstück bestehend aus Rashers (Speck), Sausages (Würstchen), White Pudding (eine Art grobe Leberwurst), Black Pudding (Grobe Blutwurst) und Tomate, alles gegrillt oder frittiert. Dazu gibt es neben dem allgegenwärtigen Toast oft Soda Bread. Dieses traditionelle Brot wird auch Brown Bread genannt und besteht aus Mehl (Weizen, Vollkorn oder gemischt), Buttermilch, Salz und Bikarbonat und wird in vielen Haushalten noch täglich frisch gebacken. Ein weiteres weitverbreitetes Gebäck ist der Scone, eine Art süße Semmel, die mit Butter und Marmelade gegessen wird.

Als irisches Nationalgetränk gilt schwarzer Tee, der – häufig mit einem Schuss Milch – den ganzen Tag über getrunken wird. Im Rahmen der Globalisierung ist Kaffee allerdings auf dem Vormarsch.

Nicht zu vergessen ist natürlich Porter, ein dunkles Bier, das besser unter dem Markennamen Guinness bekannt ist, und der Irish Coffee, eine Mischung aus starkem Kaffee, Whiskey, braunem Zucker und einer Sahnehaube.

▲ *Kinsale, County Cork*

WÄHRUNG

In der Republik Irland wird mit dem Euro bezahlt, während in Nordirland das Britische Pfund als Zahlungsmittel verwendet wird. Im Grenzgebiet werden oft beide Währungen akzeptiert.

Strom und Internet

In Irland werden Steckdosen Typ G verwendet, ein Adapter ist also notwendig. Das Internet steckt, verglichen mit anderen Ländern, noch immer in den Kinderschuhen. Hochgeschwindigkeitsinternet gibt es nur in den großen Städten und selbst dort nur in manchen Gegenden. Der Rest des Landes hat mehr oder weniger schnellen Internetzugang, man sollte sich aber darauf einstellen, auch mal einige Tage ganz ohne Internet auskommen zu müssen.

Die meisten Unterkünfte und viele Cafés und Restaurants bieten Internetzugang über WiFi an.

Sicherheit

Irland ist im Großen und Ganzen ein sicheres Land. In den Städten und in der Nähe von Touristenattraktionen sollte man aber trotzdem die üblichen Vorsichtsmaßnahmen walten lassen: keine Wertgegenstände im geparkten Auto lassen, Geldbeutel und andere Wertsachen eng am Körper tragen und das teure Handy nicht zu auffällig vorführen. Besonders Dublin ist bekannt für aufgebrochene Autos und aus der Hand gestohlene Handys.

Der gefährlichste Ort Irlands ist die Küste. Es gibt leider jedes Jahr eine Reihe von Unfällen, von denen manche auch tödlich enden. Es sind meist Besucher, die die Gefahren von Steilklippen und Gezeiten unterschätzen und so zu Schaden kommen. Vor Küstenspaziergängen sollte man sich unbedingt über die lokalen Ebbe- und Flutzeiten informieren und das Wasser immer im Auge behalten. Von Klippenrändern sollte man etwa einen Meter Abstand halten, da diese oft instabil sind. Plötzliche Windböen und unerwartete Monsterwellen sind ebenfalls eine nicht zu unterschätzende Gefahr.

Bei starkem Wind und stürmischem Wetter sollte man die Küste, besonders Steilkippen, komplett meiden.

Websites

www.discoverireland.ie
www.irishtrails.ie
www.wildatlanticway.com
www.irelandsancienteast.com

▸ *Sonnenuntergang auf der Beara Halbinsel, County Kerry*

W
S

1

BERGE UND MEER – DER SÜDWESTEN

DIE GRAFSCHAFT CORK

◄ *Coolmain Bay mit den Überresten alter Stege*

Cork ist, gemessen an der Fläche, Irlands größte Grafschaft. Der Großteil des Landes wird landwirtschaftlich genutzt, zum einen zur Viehzucht, zum anderen erlaubt das sehr milde Klima auch Getreide-, Gemüse- und Obstanbau. Das spiegelt sich auch in der Landschaft wieder: Cork präsentiert die für Irland so typischen sanften Hügel, bedeckt mit grünen Feldern, die wiederum durch lange Hecken oder Steinmauern unterteilt sind. Leider werden diese traditionellen Landtrennungsmethoden seit einigen Jahren mehr und mehr von Drahtzäunen abgelöst, was nicht nur optisch weit weniger ansprechend wirkt; es geht auch ein wichtiger Lebensraum für Tiere und Pflanzen verloren. Flüsse wie der Bandon, der Blackwater und der Lee schlängeln sich durch diese von modernen Landwirtschaftsmethoden bedrohte Märchenlandschaft. Ein Abschnitt des Lee in der Nähe der kleinen Stadt Macroom ist Heimat für eine der interessantesten und eindrucksvollsten Landschaften Irlands. The Gearagh, was frei übersetzt soviel wie „der hölzerne Fluss" bedeutet, ist ein ehemaliger Auenwald, der hier seit dem Ende der letzten Vergletscherung vor etwa 8.000 Jahren existierte. Der Lee, der weiter westlich in den Shehy Mountains

entspringt, verlässt hier die Ausläufer der Berge und bildet eine weite Schwemmlandebene, die sich über fast fünf Kilometer erstreckt. The Gearagh war einst Heimat eines der ältesten Eichenwälder Westeuropas, eine Landschaft bestehend aus einem Netzwerk von Wasserläufen und von mächtigen Bäumen bedeckten Inseln. Im Jahr 1954 änderte sich das und die gesamte Gegend wurde Teil eines Wasserkraftprogramms, das dazu diente, die Stadt Cork und umliegende Gebiete mit Strom zu versorgen. Die Bäume, die nicht gefällt wurden, verschwanden unter den Wassermassen eines Stausees.

▲ Sommertag an der Toehead Bay

Über die Jahrzehnte erholte sich die Gegend und verwandelte sich in ein neues Ökosystem. Heute ist The Gearagh eine Landschaft von gespenstischer Schönheit. Kleine Inseln liegen in weiten Wasserflächen, aus denen hunderte, wenn nicht tausende von Baumstümpfe ragen. The Gearagh wurde im Jahr 1987 zum Naturschutzgebiet erklärt und ist heute ein Zufluchtsort für Vögel wie Stock- und Pfeifente, Blässhuhn, Eisvogel und Graureiher. Die fast ausgestorbene Flussperlmuschel ist hier ebenso zu finden wie der scheue Otter. Wildblumen und mit ihnen Schmetterlinge, Libellen und andere

Insekten siedelten sich ebenfalls an, und auch der verbleibende Wald, hauptsächlich in Form von Esche, Erle, Hasel und einigen wenigen Eichen, begann sich wieder zu erholen und bedeckt nun viele der kleinen Inseln.

Folgt man dem Lee weiter erreicht man schließlich Cork, Irlands zweitgrößte Stadt, und die Küste. Die Küste der Grafschaft Cork ist eine Mischung aus kleinen, geschützten Buchten mit Sand und Kieselstränden und ungewöhnlich klingenden Namen wie Glandore Harbour, Tragumna Bay und Rosscarberry Bay. Erreicht werden diese Buchten über sich windende, schmale Straßen. Zwischen den Buchten erstrecken sich sanfte Hügel, die in niedrigen Klippen ins Meer abfallen. Stechginster, Glocken- und Besenheide und die aus Gärten entkommene Montbretie erstrecken sich über viele Kilometer entlang von Straßenrändern und Klippensäumen und verwandeln die Landschaft jeden Sommer in ein buntes Blumenmeer. Die westlichste dieser Buchten war zu Beginn ihres Daseins noch ein Süßwassersee. Eine felsige Barriere trennte Lough Hyne von Barloge Creek und dem Atlantik. Als aber der Meeresspiegel vor etwa 4.000 Jahren drastisch zu steigen begann, entstand eine Verbindung zwischen Meer und See. Heute ist Lough Hyne durch einen engen, von steilen Klippen gesäumten Kanal mit dem Atlantik verbunden. Manche Geologen vertreten die Theorie, dass dieser Kanal nicht vollständig natürlich entstanden ist, sondern dass die damaligen Anwohner etwas nachgeholfen haben, in der Hoffnung, einfacher an Meeresfrüchte heranzukommen. Der etwa 300 Meter lange und an seiner schmalsten Stelle nur wenige Meter breite Kanal, bekannt als The Rapids, versorgt Lough Hyne zweimal täglich mit frischem Salzwasser, das hier mit einer Geschwindigkeit von 16 Kilometern pro Stunde fließt. Nur beim Gezeitenwechsel gönnt sich das Wasser eine Pause. Für einen Moment herrscht dann vollständige Stille, der Riesentang, der den Boden der Rapids bedeckt, steht für einen Augenblick aufrecht und beugt sich dann der neuen Fließrichtung des Wassers. Da Lough Hyne nicht wie andere Buchten den Launen des Atlantik ausgesetzt ist, gedeiht hier in den Tiefen eine einmalige Tier- und Pflanzenwelt: 73 Arten von Meeresschnecken, über 100 Arten von Seeschwämmen, 24 Krabbenarten, 18 Gattungen von Seeanemonen und 72 Fischarten sind nur die Spitze des Eisberges. Viele dieser Arten können nur hier angetroffen werden. Nachdem Reverend William Spottswood Green

◄ *Die malerische Hafenstadt Cobh*

im Jahr 1886 hier den Steinseeigel entdeckt hatte, entwickelte sich Lough Hyne zu einem Treffpunkt für Meeresbiologen aus aller Welt und gilt heute als einer der am meisten erforschten und am besten dokumentierten Küstenregionen der Welt. Es ist aber nicht nur die – für den normalen Besucher unsichtbare – Unterwasserwelt, die Lough Hyne so attraktiv macht. Auf ihrer Ostseite ist die Bucht von sanften Hügeln umgeben, im Westen ragen die steilen, bewaldeten Klippen des Knockomagh Mountain in den Himmel und verwandeln die Bucht in eine Oase der Ruhe, abgeschnitten vom Rest der Welt. Diese Ruhe und die Schönheit dieser kleinen Ecke Irlands hat schon so manchen zum Poeten gemacht:

» **I know a lake where cool waves break,**
And softly fall on a sylvan sand,
And no steps intrude on that solitude,
And no voice save mine disturbes the strand.

Lough Ine, Fitz James O'Brien (1826-62)

Ein Wanderweg führt durch den Laubwald bis zur Spitze des Knockomagh Mountain und bietet wunderbare Ausblicke über Lough Hyne, die Rapids, Barloge Creek und den Atlantik.

Nur ein paar Buchten östlich des Lough Hyne liegt der Startpunkt zu einem der größten Naturschauspiele Irlands: Castle Haven. Das kleine Küstenstädtchen dient als Basis für Walbeobachtungsexpeditionen. Die Gewässer um die irische Süd- und Westküste waren seit jeher Jagdgründe für eine Reihe von Meeressäugern. Wale und Delfine tauchen regelmäßig, meist als eine Art Seemonster, in irischen Sagen und Legenden auf. Es gibt außerdem Hinweise, dass bereits die Wikinger gezielt auf Wal- und Delfinjagd gingen. Einige archäologische Ausgrabungsstätten brachten darüber hinaus Walknochen zum Vorschein, die für dekorative oder praktische Zwecke bearbeitet worden waren. Berichte aus dem 18. Jahrhundert belegen kommerziellen Walfang in der Grafschaft Donegal,

▼ *Eine verlassene Farm im Hinterland*

▲ Buckelwal

und in der Mitte desselben Jahrhunderts erfand Thomas Nesbitt aus Killybegs, ebenfalls in der Grafschaft Donegal, die möglicherweise erste funktionierende Harpunenkanone. Im 19. Jahrhundert wurden Walknochen als Gartendekoration benutzt und im 20. Jahrhundert ließen sich norwegische Walfänger auf Iniskea Island nieder, einer Inselgruppe, die zur Grafschaft Mayo gehört. Zwischen 1908 und 1914 wurden um die 700 Wale in irischen Gewässern getötet, bevor der kommerzielle Walfang 1923 schließlich eingestellt wurde.

Im Jahr 1991 wurden alle irischen Gewässer zu einem „Whale and Dolphin Sanctuary", einem Schutzgebiet für Wale und Delfine, erklärt. Etwa ein Drittel aller weltweit bekannten Wal- und Delfinarten wurden bisher hier gesichtet. Der Große Tümmler, der Gemeine Delfin, der Schweinswal, der Zwergwal, der Schwertwal, der Buckelwal und der Finnwal sind regelmäßige Besucher. Andere Arten halten sich weiter von der Küste entfernt auf oder finden ihren Weg nur in unregelmäßigen Abständen nach Irland. Zu diesen gehören der Pottwal, Seiwal und Beluga und auch das größte Tier der Erde, der Blauwal.

Die IWDG (Irish Whale and Dolphin Group) beobachtet und erforscht seit 1990 Waltiere in irischen Gewässern. Besonders Buckelwale haben durch gezielte Beobachtung seit 1999 einige Geheimnisse preisgegeben. So wurde unter anderem festgestellt, dass dieselben Tiere jedes Jahr nach Irland zurückkehren. Buckelwale haben eine individuelle Zeichnung auf ihrer Schwanzflosse und bisher wurden über 60 Individuen identifiziert, von denen man einige auch in Norwegen, Island und den Niederlanden sichtete. Dadurch konnte man wertvolle Hinweise auf die jährlichen Migrationsrouten dieser Tiere gewinnen. Die beste Zeit zur Walbeobachtung sind Sommer und Herbst. Wer sich nicht dem Geschaukel eines Bootes aussetzen möchte, kann sich auf einer der Landspitzen der Südwestküste auf die Lauer legen und hat auch dort eine gute Chance, einen Blick auf einen Wal zu erhaschen.

An der Westküste der Grafschaft findet man schließlich die erste der großen Halbinseln Irlands: die Mizen-Halbinsel und die Sheep's-Head-Halbinsel. Südlich davon liegen eine Reihe von teilweise bewohnten Inseln, die vor dem Anstieg des Meeresspiegels vermutlich eine weitere Halbinsel formten. Umgeben sind diese Inseln von der malerischen Roaringwater Bay.

Mizen, die südlichere der beiden Halbinseln, besteht aus sanften Hügeln und einer zerklüfteten Küste, die sich am westlichen Ende in zwei imposante Landspitzen, dem Mizen Head und Three Castle Head, aufspaltet. Am Mizen Head findet man einen der Öffentlichkeit zugänglichen Leuchturm. Dieser ist über Irlands wohl dramatischste Brücke zu erreichen, die 52 Meter lang ist und sich über eine von senkrechten Klippen umgebene Bucht erstreckt. Der Blick von der Mizen Head Footbridge auf die 45 Meter unter der Brücke tosenden Wassermassen zählt zu den spektakulärsten Aussichten Irlands.

Der Three Castle Head weiter nördlich bietet eine ebenso atemberaubende Klippenszenerie und außerdem eine Burg mit drei Türmen, die der Gegend den Namen verliehen hat, und einen See. Die beiden letzteren sind von ominösen und unheimlichen Legenden umgeben. So sollen die letzten Eigentümer der Burg, die Familie O'Donohue, alle einen gewaltsamen Tod von eigener oder fremder Hand gestorben sein. In Gedenken der Toten fällt jeden Tag ein Tropfen Blut von der Mauer des Hauptturmes. Eine weitere Schauergeschichte handelt von der White Lady of the Lake, einer

Geistererscheinung, die jedem, der sie sieht, den Tod bringt. Wieder andere Erzählungen berichten von Gold und anderen Schätzen, die unter dem See und dem Schloss versteckt sind. Ob man nun diese Geschichten glauben mag oder nicht: Der Three Castle Head ist auf alle Fälle eine der stimmungsvollsten Ecken Irlands.

Einige Kilometer weiter nördlich, auf der anderen Seite der Dunmanus Bay, gelangt man zur Spitze der nächsten Halbinsel. Die Sheep's Head-Halbinsel ist die kleinste und einsamste aller Halbinseln der irischen Südwestküste, hat sich aber in den letzten Jahren einen guten Namen unter Wanderern gemacht. Der Sheep's Head Way ist ein 175 Kilometer langer Wanderweg, der sich von der Marktstadt Bantry entlang der Nordküste bis zur Spitze der Halbinsel erstreckt. Von hier aus verläuft der Sheep's Head Way entlang der Südküste und wieder zurück nach Bantry. Wer keine Zeit oder Kondition für die 175 Kilometer hat, sollte zumindest einen Abstecher zur Spitze der Halbinsel, dem Sheep's Head, machen. Ein Trampelpfad führt hier über Atlantisches Deckenmoor, vorbei an dem kleinen Moorsee Lough Akeen, zur Landspitze mit zerklüfteten Klippen und einem kleinen Leuchtturm. Hier offenbaren sich Ausblicke nach Süden zum Mizen Head, nach Norden zur Beara-Halbinsel und nach Westen auf die Unendlichkeit des Atlantik.

◄ *Die Felsküste am Three Castle Head*

HIGHLIGHTS – Cork

- **THE GEARAGH** ist ein Naturreservat in der Nähe der Stadt Macroom und besonders reich an Wildblumen, Insekten und Vögeln. Eine Reihe von Feldwegen und Trampelpfaden führt durch das Reservat.
  `Koordinaten Parkplatz: 51.890151 / -8.9754401`

- **KINSALE** ist eine kleine Hafenstadt an der Südküste der Grafschaft Cork und unumstritten eine der schönsten und malerischsten Städte Irlands.
  `Koordinaten Parkplatz: 51.705506 / -8.5215724`

- **MIZEN HEAD UND THREE CASTLE HEAD**
  Die beiden Landspitzen bestechen mit dramatischen Klippenszenerien. Mizen Head und sein Leuchtturm sind nur in den Sommermonaten geöffnet und man ist außerdem an ein Wegnetz gebunden. Three Castle Head ist zwar in Privatbesitz, Wanderer sind aber das ganze Jahr über willkommen.
  `Koordinaten Parkplatz:`
  `51.451497 / -9.8107130 (Mizen Head)`
  `51.478754 / -9.8150106 (Three Castle Head)`

- **BALTIMORE** ist eine Hafenstadt im äußersten Südwesten der Grafschaft Cork. Die Klippenszenerien und der Baltimore Beacon, das Wahrzeichen der Gegend, das etwas außerhalb der Stadt liegt, sind unbedingt einen Besuch wert.
  `Koordinaten Parkplatz: 51.474508 / -9.3868805`

▲ *Sandscove ist eine der vielen kleinen Buchten an Corks Südküste.*

▸ **CURRAGHBINNY** ist eine kleine Halbinsel zwischen Ringaskiddy und Crosshaven im Cork Harbour. Im Großen und Ganzen ist das Gebiet um die Stadt Cork industriell geprägt, doch die Halbinsel mit ihrem kleinen Waldgebiet und dem einsamen Kieselstrand kann als angemessener Ausgleich betrachtet werden.
Koordinaten Parkplatz: 51.808415 / -8.2945956

▸ **LOUGH HYNE** und die nähere Umgebung eignen sich gut für kurze Wanderungen. Die einmalige Unterwasserwelt des Salzwassersees bleibt zwar Tauchern vorbehalten, die wunderschöne Landschaft und Ausblicke von Knockomagh Mountain machen einen Besuch aber dennoch sehr empfehlenswert.
Koordinaten Parkplatz: 506311 / -9.3066711

▸ **DROMBEG STONE CIRCLE** – Einer der am besten erhaltenen Steinkreise Irlands stammt aus der Bronzezeit. Neben den imposanten Steinen, der höchste ist ungefähr 1,80 Meter hoch, bietet Drombeg auch weite Ausblicke über den Atlantik und die Küstenlandschaft der Grafschaft Cork.
Koordinaten Parkplatz: 51.565812 / -9.0868854

▸ **CROOKHAVEN** ist ein kleines Fischerdorf an der Spitze einer kleinen Landzunge im Süden der Mizen-Halbinsel. In der Umgebung des Dorfes gibt es eine Reihe von schönen Sandstränden.
Koordinaten Parkplatz: 51.468703 / -9.7254109

▸ **SHEEP'S HEAD** bestiсht durch seine raue Landschaft, Wanderwege und Ausblicke zur Mizen-Halbinsel im Süden und zur Beara-Halbinsel im Norden.
Koordinaten Parkplatz: 51.545781 / -9.8265434

▲ *Morgenlicht auf den Häusern von Crosshaven*

▸ **ANREISE**
Die N71 verläuft entlang der gesamten Südwestküste, die Küste selbst wird über kleinere Nebenstraßen erreicht. Die R592 und R591 versorgen die Mizen-Halbinsel und den Sheep's Head erreicht man über eine weitere Nebenstraße, die südlich der Stadt Bantry gut ausgeschildert ist.

▸ **UNTERKUNFT UND VERPFLEGUNG**
Entlang der Südküste gibt es zahlreiche kleinere und größere Ortschaften, die fast alle Unterkünfte, Restaurants und Supermärkte bieten. Die größeren Städte mit einem umfangreicheren Angebot sind Kinsale, Clonakilty und Skibereen. Die größeren Orte auf der Mizen-Halbinsel mit einer guten Auswahl an Unterkünften, Restaurants und Supermärkten sind Ballydehob und Schull. Das Angebot auf der Sheep's Head-Halbinsel ist vergleichsweise eingeschränkt. Die Marktstadt Bantry nördlich der Halbinsel eignet

sich als Basis. Wer lieber direkt auf der Halbinsel übernachten möchte, sollte die Ortschaften Durrus, Ahakista oder Kilcrohane anvisieren.

ANGEBOTE

- **Whale Watching:**
  www.corkwhalewatch.com
  www.whalewatchwestcork.com
  www.atlanticwhaleandwildlifetours.com
- **Gärten:**
  www.westcorkgardentrail.com
- **Mizen Head-Leuchturm:**
  www.mizenhead.ie

WANDERWEGE

Die besten Wandermöglichkeiten in der Gegend bieten der Three Castle Head auf der Mizen-Halbinsel und die Sheep's-Head-Halbinsel. Letztere hat sich in den vergangenen Jahren als Wanderparadies etabliert und bietet zahlreiche Routen von verschiedener Länge und unterschiedlichen Schwierigkeitsgraden. Detaillierte Informationen gibt es hier:

www.thesheepsheadway.ie.
www.threecastlehead.ie

BESTE JAHRESZEIT

Frühling, Spätsommer und Herbst.

INTERNET

www.explorewestcork.ie
www.westcorkislands.com
www.livingthesheepsheadway.com

▼ *Morgendämmerung am Lough Hyne*

BEARA

▲ *Blick über Glengarriff Harbour zu den Caha Mountains*

Fragt man eingefleischte Irland-Fans nach dem schönsten Platz an der Westküste, so fällt des Öfteren der Name Beara. Die Beara-Halbinsel stand seit jeher im Schatten von Iveragh und Dingle, ihren bekannteren und vielbesuchten nördlichen Nachbarn. Mit einer Mischung aus üppigen Wäldern, kargen Bergen und einer zerklüfteten Küste mit weiten Stränden und ungewöhnlichen Klippenformationen ist Beara allerdings für viele die schönste der großen Halbinseln der irischen Südwestküste.

Beara ist vom Kenmare River im Norden und der Bantry Bay im Süden umgeben. Beide wurden von den Eismassen der letzten Vergletscherung geschaffen. Nachdem die Gletscher wieder verschwunden waren, verwandelten sich die Täler durch den steigenden Meeresspiegel schon bald in langgestreckte Buchten. Der Legende nach taufte der irische Hochkönig Owen Mór die Halbinsel auf den Namen seiner Frau, der spanischen Prinzessin Beara. Eine andere Theorie bringt den Namen der Halbinsel mit dem irischen Begriff béarach in Verbindung. Das Wort beschreibt Felsen an der Küste, die der andauernden und unbändigen Gewalt der Wellen ausgesetzt sind. Betrachtet man die Küste entlang der Beara-Halb-

insel genauer, ist diese Erklärung sehr plausibel. Während die teilweise bewaldete Küste im Osten der Halbinsel eher als sanft und lieblich beschrieben werden kann, besteht das westliche Ende von Beara aus schroffen Felsen und Klippen, auf die stets eine gewaltige Menge Wasser prallt.

Das Rückgrat der Halbinsel bilden zwei Gebirgsketten, die Caha Mountains im Osten und die Slieve Miskish Mountains im Westen. Beide Bergketten bestehen aus Rotem Sandstein, der besonders im Morgen- und Abendlicht eine wunderbar warme Farbe annimmt. Beide Gebirgszüge zeigen eine treppenförmige Schichtung der Sandsteinplatten, die willkürlich von der Horizontalen in die Vertikale wechselt. Das freiliegende Gestein der Treppenstufen ist von tiefen Furchen durchzogen, als ob sich übergroße Klauen in das Gestein gegraben hätten. Besonders gut lässt sich dieses Phänomen an den Hängen der Slieve Miskish Mountains von dem kleinen Strand in Garinish im Westen der Halbinsel aus bewundern.

Die gerade erwähnten Klauen könnten einer von Irlands großen Sagengestalten, der Hag of Beara, der Hexe von Beara, gehört haben. In manchen Legenden wirft diese Hexe kleine Steine, die sie

▲ *Cummeenadillure Lough im Gleninchaquin Park*

in ihrer Schürze trägt, in die Landschaft. Diese wachsen dann zu Felsformationen und sogar Gebirgszügen. Die mythologische Figur mit den irischem Namen Cailleach Beara war allerdings weit mehr als nur eine durchschnittliche Zauberin: Der Legende nach war sie eine Göttin, die sowohl die Jahreszeiten und das Wetter beeinflussen als auch über Leben und Tod entscheiden konnte. Zudem soll sie fähig gewesen sein, ihre Gestalt zu wechseln. Die Hexe taucht in den alten Geschichten und Legenden oft als Wintergöttin auf, deren Kraft und Einfluss wachsen, je kürzer die Tage werden. Aufgrund dieser Macht in der für die Menschen schwierigsten Jahreszeit war Cailleach Beara mehr als nur ein wenig gefürchtet.

Die Legende der Hag hat ihren Schwerpunkt hier im Südwesten Irlands, taucht aber auch in anderen Teilen des Landes auf. Auf Beara steht sie, zu Stein erstarrt, an der Coulagh Bay, im Norden der Halbinsel, mit dem Gesicht zum Meer und dem Rücken zu den Bergen gewandt. Die ältere Version der Legende behauptet, sie stehe dort, weil sie auf die Rückkehr ihres Ehemanns wartet, dem Meeresgott Manannán mac Lir. Einer neueren Version zufolge raubte Cailleach Beara hingegen das Gebetsbuch des Heiligen St. Caithighearn und wurde dabei ertappt, woraufhin der verärgerte

Heilige sie zu Stein erstarren ließ. Ähnliche Geschichten ranken sich indes auch um den Hag's Head in der Grafschaft Clare, das Hag's Glen auf der Iveragh-Halbinsel nördlich von Beara und den Hag's Mountain sowie den Hag's Chair in der Grafschaft Meath an Irlands Ostküste.

Bevor sie zu Stein erstarrte, befand sich der Wohnsitz der Cailleach Beara auf Dursey Island, einer Insel am Westende der Beara Halbinsel. Die etwa sechs Kilometer lange und nur 1,5 Kilometer breite Insel erreicht man mit einer Seilbahn – der einzigen in ganz Irland. Die drei kleinen Dörfer der Insel, die einst über 200 Menschen beherbergten, sind heute – abgesehen von zwei verbliebenen Insulanern und einigen Sommergästen – unbewohnt.

Zum Wandern ist Dursey perfekt geeignet. Es gibt zwar einige Autos auf der Insel, diese erfahren aber nur sehr sporadische Benutzung. Die Haupt- und einzige Straße führt entlang der Südküste

▼ *Morgenlicht auf Dursey Island*

der Insel und liegt im Schutz der Hügelkette, die sich über die gesamte Insel erstreckt. Zwischen den Gipfeln dieser Hügelkette, die nur sanfte 250 Meter erreichen, verläuft ein Trampelpfad. Man ist hier zwar den Elementen ausgesetzt, genießt dafür aber grandiose Ausblicke in alle Himmelsrichtungen. Unter anderem sieht man auch drei weitere kleine Inseln, The Cow, The Bull und The Calf, die westlich von Dursey im Atlantik schlummern. Im Sommer sind diese Inseln Nistplatz für eine Reihe von Seevögeln wie dem Papageientaucher, der Sturmschwalbe, dem Schwarzschnabel-Sturmtaucher und einer der größten Basstölpel-Kolonien Irlands. Im Herbst liegen diese Inseln zusammen mit Dursey Island auf der Migrationsroute vieler Vögel, weshalb Dursey jeden September und Oktober von erschöpften Zugvögeln und aufgeregten Vogelbeobachtern heimgesucht wird. Über die Jahre haben letztere einige für Irland sehr exotische Tiere entdeckt, wie den Blauschwanz, den Bienenfresser und den Wiedehopf, die sich alle nach Dursey verirrt hatten.

Geologisch gesehen ist Dursey Island ein Ausläufer der Slieve Miskish Mountains, die im 19. Jahrhundert Standort einer florierenden, aber kurzlebigen Kupferindustrie waren. Die Hinterlassenschaften dieses Unternehmens – die erste Mine öffnete im Jahr 1812 und der Abbau wurde bereits 1882 wieder eingestellt – sieht

▼ *Regenwolken über den Slieve Miskish Mountains*

man heute an den Hängen über der kleinen Stadt Aillihies, die besonders für ihre farbenfrohen Häuser bekannt ist.

Die Slieve Miskish Mountains erreichen eine moderate Höhe von 490 Metern und gelten als relativ kompakter und überschaubarer Gebirgszug. Was ihnen an Höhe fehlt, machen sie aber durch ihre brutale Schönheit wieder wett. Die Caha Mountains dagegen erstrecken sich über gut zwei Drittel der gesamten Beara-Halbinsel, und der Hungry Hill, der höchste Berg der Kette, erreicht immerhin 685 Meter, womit er die Silhouette der gesamten Südküste Bearas dominiert.

Glaubt man der Legende, so hat einst ein ansässiger Priester die Gipfel der Caha Mountains nach den Sieben Todsünden benannt. Schmale Täler ziehen sich von Norden und Süden in die selbst bei blauem Himmel und Sonnenschein bedrohlich wirkenden Berge. Die Täler, geschaffen durch die Gletscher der letzten Kälteperiode, liegen selbst im Sommer fast den ganzen Tag im Schatten, weshalb es nicht verwunderlich ist, dass diese Berge eine Reihe von beunruhigenden Geschichten hervorgebracht haben. Eine der bekanntesten ist die Legende von Cornelius Rabach O'Sullivan: Eines Abends klopfte ein Seemann auf der Suche nach einer Unterkunft an Rabachs Tür. Nach einem kargen, aber sättigenden Abendessen erzählte der Seemann von seinen Reisen und dem kleinen Vermö-

gen, das er über die Jahre angespart hatte. Habgier überkam Rabach und er brachte den Seemann kurzerhand um. Was Rabach nicht wusste war, dass seine Nachbarin die brutale Tat durch Zufall beobachtet hatte. Einige Jahre später hatten Rabach und die besagte Nachbarin einen Streit, woraufhin letztere drohte, ihr Wissen öffentlich zu machen. Einige Tage später folgte Rabach seiner Nachbarin zum nahegelegenen Fluss und ertränkte sie. Aber auch diese Tat wurde beobachtet. Allerdings bewahrte der Zeuge das Geheimnis für 16 lange Jahre, bis er die Ereignisse auf seinem Totenbett beichtete. Rabach gelang es für einige weitere Jahre, der Gerechtigkeit zu entkommen, bevor er schließlich doch gefasst, verurteilt und gehängt wurde. Geschichten wie diese erklären vielleicht, warum der Priester die Gipfel der Caha Mountains nach den Sieben Todsünden benannt hat.

Drei der schönsten Täler der Caha Mountains liegen auf der Nordseite der Berge. Das weite Tal von Gleninchaquin, in dem sich vier Seen aneinanderreihen, liegt am weitesten östlich. Clonee Lough Lower, Clonee Lough Middle, Clonee Lough Upper und schließlich Lough Inchaquin sind alle umgeben von den niedrigen nördlichen Ausläufern der Caha Mountains. Am Ufer des Lough Inchaquin liegt einer der schönsten Steinkreise Irlands, der Uragh Stone Circle, und von hier hat man auch einen wunderbaren Blick in das Herz des Tals: das Massiv von Coomnadiha und Knocknagorraveela, die den dramatischen Gleninchaquin-Wasserfall einschließen. Dieser Teil des Tals ist in Privatbesitz, wurde aber vor einigen Jahren als Gleninchaquin Park für Besucher zugänglich gemacht. Eine Reihe von Wanderwegen und Trampelpfaden macht es möglich, in die Bergwelt der Caha Mountains einzudringen. Wiederhergestellte Cottages – oder Cabins, wie sie hier genannt werden – aus der Zeit der Großen Hungersnot geben einen Einblick in das harsche Leben, das irische Bergbauern hier führten. Gleninchaquin Park präsentiert zudem eine sehenswerte Pflanzenwelt. Besonders zu erwähnen sind hier die Blumen der Deckenmoore, die den größten Lebensraum der Caha Mountains ausmachen. Fleischfressende Pflanzen wie das Großblütige Fettkraut und der Rundblättrige und Langblättrige

▼ *Uragh Stone Circle*

Sonnentau sind hier sehr einfach zu finden. Ährenlilie und Fieberklee sind ebenfalls weit verbreitet und im Spätsommer überziehen Glocken- und Besenheide die Berghänge mit einem lila Kleid. Das bewaldete östliche Ufer des Lough Inchaquin beherbergt das Uragh Wood-Naturreservat, eine kleine Bastion der alten irischen Laubwälder, die sich in größerer Ausführung und leichter erschließbar etwas weiter südlich in Glengarrif und nördlich in Killarney finden.

Verlässt man Gleninchaquin und folgt der Küstenroute nach Westen, trifft man auf zwei weitere, parallel zueinander liegende Täler: Glenbeg und Glanmore. Das Glanmore-Tal mit seinem gleichnamigen See, der von kleinen Waldflecken und steilen Klippen umgeben ist, gilt als einer der malerischsten Orte Irlands. Lässt man den See hinter sich, wendet sich das Tal in Richtung Westen, tief in die Caha Mountains hinein. Das obere Ende des Tals liegt tief im Schatten des Hungry Hill und zählt zu den einsamsten und gleichzeitig dramatischsten Ecken der Beara-Halbinsel. Einen bildschönen Blick in das Glanmore-Tal kann man auch vom Healy Pass aus genießen, einer kurvenreichen Passstraße, die sich durch die Caha Mountains schlängelt und Bearas Süd- und Nordküste verbindet.

▼ *Der Blick vom Healy Pass über Glanmore Lake*

Eingebettet zwischen den südöstlichen Ausläufern der Caha Mountains und einer geschützten Bucht liegt die kleine Ortschaft Glengarriff, eine Ansammlung von Hotels, Restaurants, Pubs und Andenkenläden. Die Bucht und der kleine Hafen bilden das südliche Ende der Ortschaft. Inmitten der Bucht liegt Garinish Island oder Illnacullin, eine kleine Insel mit einer Gartenanlage, die ihresgleichen sucht. Das subtropische Wunderland entstand aus einer Zusammenarbeit von Annan Bryce, dem Eigentümer der Insel, und dem Landschaftsarchitekten Harold Peto. Letzterer kombinierte die natürliche Vegetation mit einer Sammlung stilvoll angelegter Zierpflanzen – erfolgreich, denn heute zieht dieser Inselgarten Besucher aus aller Welt an. Während der kurzen Bootsfahrt zu der Insel trifft man in der Regel auch einige der in der Bucht lebenden Seehunde.

Am nördlichen Ortsrand von Glengarriff liegt ein im Jahr 1991 ins Leben gerufenes Naturreservat, das Glengarriff Nature Reserve, das noch Teile der ursprünglichen irischen Laubwälder beherbergt. Kleine Bestände von Eiche (Trauben- und Stieleiche), Stechpalme, Besenbirke und Vogelbeere sind die Überlebenden dieser alten Wälder und heute nur noch an sehr wenigen Orten in Irland zu finden. Da das heutige Naturreservat früher jedoch Teil eines Landsitzes war, finden sich auch eingeführte Arten wie Buche und Rhododendron. Eine zweite Seltenheit des Naturreservates ist eine natürliche Blumenwiese, bekannt als Big Meadow, in der man unter anderem die Kuckucks-Lichtnelke, den Sand-Thymian und den Gemeinen Teufelsabbiss findet. Entlang der beiden Flüsse Canrooska und Glengarriff, die das Reservat durchfließen, finden sich für Irland typische Wildblumen wie Günsel, Echtes Mädesüß und Wald-Sanikel.

Neben den genannten Arten findet man hier auch Mitglieder der lusitanischen bzw. hiberno-englischen Flora, eine Pflanzengruppe, deren Hauptverbreitungsgebiet auf der iberischen Halbinsel und in Irland zu finden ist: St. Patrick's Cabbage (Saxifraga spathularis) und Kidney Saxifrage (Saxifraga hirsuta), beides Steinbrecharten, Irish Spurge (Euphorbia hyberna), ein Wolfsmilchgewächs, und den Westlichen Erdbeerbaum. Ein Vertreter der Lusitanischen Tierwelt fühlt sich hier ebenfalls wohl: die Kerry Slug (Geomalacus maculosus), eine Nacktschnecke, die sich je nach Lebensraum dunkelgrau mit weißen Flecken (im offenen Moorland) oder dunkelbraun mit gelben Flecken (in den Wäldern) zeigt. Sie kann eine Länge von bis zu zwölf Zentimetern erreichen. Die Hochburgen der Kerry Slug liegen im Glengarriff-Naturreservat, Uragh Wood-Naturreservat und dem Killarney National Park.

Abgesehen von der Kerry Slug gibt es im Glengarriff-Naturreservat auch andere Tiere, die man allerdings nur sehr selten zu Gesicht bekommt. Sieben Fledermausarten wurden im Reservat dokumentiert, wie zum Beispiel die Kleine Hufeisennase, die Wasserfledermaus und die Langohrfledermaus, die man mit sehr viel Glück in der Abenddämmerung entlang der beiden Flüsse vorbeihuschen sieht. Ebenfalls leben hier Otter, Wasseramsel und Eisvogel, und auch den Baummarder kann man hier mit etwas Glück und Geduld finden. Das gesamte Reservat ist sehr einfach zugänglich und lässt sich über eine Reihe von Wanderwegen, die teilweise auch rollstuhltauglich sind, erforschen.

Wer gerne auf wenig besuchten Pfaden wandelt und Abenteuer sucht, der sollte noch einen Abstecher zum Priest's Leap in Erwägung ziehen. Nordöstlich der Beara-Halbinsel verbindet eine einspurige Passstraße die kleinen Orte Coomhola Bridge und Bonane. Die Straße verläuft von Süden entlang der Flanke des Coomhola Mountain und erreicht am Priest's Leap eine Höhe von 463 Metern, womit sie zu den höchsten Passstraßen Irlands gehört. Der Name des Priest's Leap basiert, nicht unerwartet, auf einer Legende. Laut dieser entkam ein Priester seinen Verfolgern, einem Regiment englischer Soldaten, indem er mit seinem Pferd einen enormen Sprung von etwa 20 Kilometer Länge, von Cumeenshrule, dem Tal nördlich des Priest's Leap, über die Berge bis in die Nähe der Stadt Bantry vollführte.

◂ *Canrooska River im Glengarriff Nature Reserve*

HIGHLIGHTS
– Beara

- **GLENGARRIFF** – In und um Glengarriff herum kann man gut einige Tage verbringen. Das Glengarriff-Naturreservat bietet eine Reihe von gut ausgeschilderten Wanderwegen verschiedener Schwierigkeitsgrade und durch verschiedene Lebensräume. In der Ortschaft selbst führt ein Wanderweg an der Bucht entlang und im Hafen werden Bootstouren nach Illnacullin angeboten.
Internet:
www.glengarriffnaturereserve.ie
Koordinaten Parkplatz:
51.749643 / -9.5428883 (Hafen)
51.753830 / -9.5649762 (Naturreservat)

- **BARLEY LAKE** – Am Rande des Glengarriff Nature Reserve liegt Barley Lake, ein Bergsee in spektakulärer Umgebung. Der See kann über eine schmale und sehr steile Straße und eine kurze Wanderung über oft sehr nasses Deckenmoor erreicht werden.
Koordinaten Parkplatz: 51.758037 / -9.6226598

- **GLENINCHAQUIN PARK** wird von gut gepflegten Wanderwegen durchzogen und gibt einen Einblick in die Natur und Geschichte der Caha Mountains. Visueller Höhepunkt ist der Wasserfall, der allerdings nur nach heftigem Regen seine volle Pracht zeigt.
Internet: www.gleninchaquin.com
Koordinaten Parkplatz: 51.801763 / -9.6626640

HEALY PASS UND GLANMORE VALLEY

▲ *Hungry Hill mit Bearas felsiger Südküste*

Eine Fahrt über den Healy Pass und ein Besuch im Glanmore Valley lassen sich gut miteinander verbinden. Es lohnt sich, am höchsten Punkt der Passstraße auszusteigen, etwas querfeldein in die Berge zu laufen und dann die Aussicht zu genießen.

Koordinaten Parkplatz:
51.721932 / -9.7569491 (Healy Pass)
51.735758 / -9.7692886 (Glanmore Lake)

REENROE – Nördlich von Aillihies schlängelt sich die R575 an einem der schönsten Küstenabschnitte von Beara entlang. Eine kleine Holztür erlaubt Zutritt von der Straße zur Küste, wo eine dramatische Felsküste, Felstore, Überreste alter Cottages und Kartoffelfelder sowie die Slieve Miskish Mountains zum Vorschein kommen.

Koordinaten Parkplatz: 51.654833 / -10.067790

DURSEY ISLAND – Für Dursey Island sollte man mindestens einen halben Tag einplanen und ausreichend Proviant mitnehmen, da es auf der Insel weder Läden noch Cafés gibt. Es empfiehlt sich, auf der Hauptstraße bis zur Spitze der Insel zu laufen und für den Rückweg den Bergpfad zu benutzen. Die gesamte Rundwanderung ist etwa 14 Kilometer lang.

Internet: www.durseyisland.ie

Koordinaten Parkplatz: 51.610049 / 10.067790

▸ **PRIEST'S LEAP** – Diese wenig frequentierte Passstraße zeigt sich am besten im Morgen- oder Abendlicht. Um diese Tageszeit ist es auch am unwahrscheinlichsten, anderen Autos zu begegnen. Dem entgegenkommenden Verkehr auszuweichen ist auf der einspurigen Straße nicht ganz einfach.
Koordinaten Parkplatz: 51.793440 / -9.4712230

REISEINFORMATIONEN – Beara

▲ *Priest's Leap im Winter*

▸ **ANREISE**

Die Beara-Halbinsel liegt westlich der N71 und kann aus nördlicher Richtung von Kenmare aus über die R571 und von Süden her von Glengarriff aus über die R572 erreicht werden. Zusammen mit der R575 im äußersten Westen der Halbinsel bilden diese Straßen den gut ausgeschilderten Ring of Beara.

▸ **UNTERKUNFT UND VERPFLEGUNG**

Der größte Ort auf der Halbinsel ist Castletown-Berehaven, der eine gute Auswahl an Unterkünften, Supermärkten, Cafés und Restaurants bietet. Bantry und Kenmare liegen nicht direkt auf der Halbinsel, eignen sich aber auch gut als Basis, um Beara und das weitere Umland zu erforschen.

ANGEBOTE

- **Allihies Museum:**
  www.acmm.ie
- **Bere Island-Fähre:**
  www.bereislandferries.com
- **Bootstouren:**
  www.sea-safari.com
- **Geführte Wanderungen unter deutscher Leitung:**
  www.wanderlust.ie
  www.irland-wandern.de

WANDERWEGE

Beara bietet eine Reihe gut ausgeschilderter und ausgebauter Wanderwege. Neben kürzeren Wanderungen im Glengarriff Nature Reserve, dem Gleninchaquin Park und anderen befindet sich hier auch der Beara Way, der sich über 200 Kilometer um die gesamte Halbinsel erstreckt. Es ist allerdings auch möglich, nur Teile des Beara Way abzulaufen. Mehr Informationen und Routen findet man hier:
https://www.irishtrails.ie/Trail/Beara-Way/3/
http://www.bearatourism.com/loopwalks.html.

BESTE JAHRESZEIT

Frühling, Frühsommer, Frühherbst.

INTERNET

www.bearatourism.com
www.destinationbeara.ie

WARNUNG

Zecken sind auf Beara weit verbreitet und potentielle Träger der Borreliose. Angemessene Kleidung und Schutzmittel sind daher sehr zu empfehlen.

▼ *Muscheln und Fischerboot im Pallas Harbour an der Nordküste von Beara*

KILLARNEY UND DER RING OF KERRY

▲ *Blick von Valentia Island zum Festland*

Killarney ist einer dieser Orte, an dem sich die Geister scheiden. Auf der einen Seite liegen die Stadt und ebenso der Nationalpark, der sie umgibt, unzweifelhaft in einer der schönsten Gegenden Irlands. Auf der anderen Seite ist Killarney gerade wegen seiner Schönheit eine der Tourismus-Hochburgen des Landes, mit all den negativen Begleiterscheinungen, die der Massentourismus so mit sich bringt, vom sommerlichen Verkehrschaos über achtlos weggeworfenen Müll bis hin zu Querfeldeinwanderern, die unwissentlich sensible Lebensräume zerstören.

Die Region um Killarney erhielt 1932 als erstes Gebiet in Irland den Status eines Nationalparks, nachdem Muckross House und das umliegende Anwesen von dem damaligen Eigentümer Arthur Vincent dem irischen Staat überschrieben worden waren. Über die Jahre wuchs der Park, der anfangs eine Fläche von 43 Quadratkilometern umfasste, zu einem Areal von fast 103 Quadratkilometern und umfasst mittlerweile eine Vielzahl verschiedener Lebensräume. Im Zentrum des Nationalparks liegen nach wie vor Muckross House and Gardens, ein viktorianischer Landsitz aus dem 19. Jahrhundert, und die Lakes of Killarney, eine Kette

von drei malerischen Seen. Den Hintergrund bilden die Ausläufer der MacGillycuddy's Reeks, Irlands höchste Bergkette. Killarneys Seen- und Berglandschaft ist zeitlos schön und wirkt trotz der zahlreichen Besucher und der Nähe der betriebsamen Stadt wild und unberührt – zumindest auf den ersten Blick.

Mitverantwortlich für das oft märchenhafte Erscheinungsbild der Gegend ist das Wetter. Die milden Temperaturen, die der Golfstrom mit sich bringt, und die als Regenfänger agierenden Berge schaffen ein sogar für Irland sehr feuchtes Klima. Statistisch gesehen gibt es in Killarney mehr als 230 Regentage pro Jahr, in den Bergen steigt diese Zahl auf rund 250. Der Regen fällt oft als feiner Niesel, der in Irland als Drizzle bekannt ist und einen feinen Schleier über die Landschaft legt. Zusammen mit den niedrig hängenden, um die Berggipfel wabernden Wolken wird so eine einmalige Atmosphäre kreiert.

Die Ufer der miteinander verbundenen Seen Lough Leane, Muckross Lake und Upper Lake beherbergen ausgedehnte Wälder. Zum Großteil gehören diese zu den letzten Bastionen von Irlands Eichenwäldern, den größten ursprünglichen Wäldern des Landes, die vor allem am Ostufer des Lough Leane im Schatten von Tomies und Purple Mountain gedeihen. Gebeugte, knorrige Bäume überschatten einen moosbedeckten Waldboden und transportieren den Besucher zurück in eine Zeit, in der Irland noch nicht vom Menschen besiedelt war.

Die Geschichte dieser Wälder beginnt vor etwa 10.000 Jahren. Nach Birken und Weiden war die Kiefer der erste langlebige Baum, der sich nach dem Rückzug der Gletscher in Irland etablierte. Vor ungefähr 8.000 Jahren folgten dann Stiel- und Traubeneiche, zusammen mit der Ulme. Diese Wälder breiteten sich schließlich über die gesamte Insel aus, und alte Legenden behaupten sogar, dass es einst möglich war, Irland von Küste zu Küste zu durchqueren, ohne auch nur einmal den Boden berühren zu müssen. Die Ausdehnung dieses irischen Urwaldes, besonders die der Eichenwälder, spiegelt sich auch heute noch in vielen Ortsnamen wider: Derry ist die englische Version von Doire, dem irischen Wort für Eichenwald.

Vor etwa 4.500 Jahren veränderten dann ein radikaler Klimawandel, menschliche Einflüsse und andere Faktoren das Landschaftsbild rapide. Das langsame Ende der irischen Wälder begann mit der Abholzung kleiner Waldflächen zur Landgewinnung; später fielen die Wälder dem Schiffsbau, der Holzkohlegewinnung für Eisenwerke und anderen Industrien zum Opfer. Ein milderes, feuchtes Klima begünstigte die Entwicklung von Decken- und Hochmooren, die Wälder an manchen Orten regelrecht verschlangen. Die Ulme wurde indes von einer aus Nordamerika importierten Pilzkrankheit nahezu ausradiert. Die letzten Waldflecken fielen schließlich der lang andauernden Auseinandersetzung zwischen der englischen Besatzungsmacht und irischen Freiheitskämpfern zum Opfer. Manche Quellen berichten, dass englische Soldaten ganze Wälder abholzten, um zu verhindern, dass sich irische Rebellen darin verstecken konnten.

Nicht alle Engländer aber waren darauf aus, die irischen Wälder zu zerstören. So pflanzte der damalige Landherr im Jahr 1805 im Tomies Wood einige Tausend neue Eichen, und auch der Klimawandel hatte seine positive Seite. Das nun mildere Klima erlaubte die Ansiedlung neuer Arten. So breitete sich beispielsweise der Westliche Erdbeerbaum, ein Mitglied der im vorherigen Kapitel erwähnten hiberno-englischen Flora, im Killarney-Nationalpark aus. Am schönsten sieht dieser ungewöhnliche Baum im Herbst aus, wenn sich Trauben von weißen Blüten mit den reifenden roten und gelben Früchten mischen. Pollenanalysen haben gezeigt, dass sich der Erdbeerbaum vor etwa 4.000 Jahren in Killarney ansiedelte, zur gleichen Zeit, als die Deckenmoore begannen, sich radikal auszudehnen.

Das Dahinschwinden der Ulme erlaubte anderen Arten, deren Platz einzunehmen. Die Eibe profitierte vermutlich am meisten vom Ableben der Ulme: Zwar erreichten beide Baumarten Irland etwa zur selben Zeit, die Eibe breitete sich aber erst nach dem Verschwinden der Ulme vor etwa 5.000 Jahren so richtig aus und bildete ganze Wälder. Einer der letzten und der größte dieser Wälder befindet sich auf der Muckross-Halbinsel, die Lough Leane von Muckross Lake trennt, nur wenige Schritte vom Muckross House und dessen angelegten Gärten entfernt. Reenadinna Wood zählt zu den wenigen Eibenwäldern Irlands. Es wird geschätzt, dass der Wald seit etwa 3.000 Jahren hier besteht. Die Bäume, einige über

▼ *Der Eibenwald im Killarney-Nationalpark*

200 Jahre alt, bilden ein niedriges, dichtes Kronendach. Sogar an sonnigen Tagen fällt kaum Licht auf den Waldboden, wodurch eine leicht unheimliche Atmosphäre vorherrscht. Dieser Mangel an Licht hat zur Folge, dass kaum andere Arten in dem Eibenwald überleben. Einzig Moose und Lebermoose florieren hier und bilden eine weiche Decke, die den Waldboden bedeckt und eine Tiefe von bis zu 150 Zentimetern erreicht.

Während sowohl der Eibenwald in Reenadina als auch die reinen Eichenwälder wie im Tomies Wood kaum Unterwuchs vorweisen, gedeiht in den jüngeren Wäldern, die vorwiegend aus Buche, Erle und Besenbirke bestehen, eine Vielzahl von Wildblumen und Gräsern. Besonders Ross Island, eine Halbinsel am Ostufer des Lough Leane, präsentiert jedes Frühjahr ein Blumenspektakel. Hasenglöckchen, Bärlauch und andere Blumen verwandeln den Waldboden in ein Farbenmeer. Daneben bietet Ross Island ein malerisch gelegenes Schloss und die Überreste alter Kupferminen.

Ross Island und die umliegenden Ufergebiete des Lough Leane sind außerdem jeden Herbst Schauplatz für ein besonderes Spektakel: die Rothirschbrunft. Der Killarney-Nationalpark ist die Heimat

▼ *Eine kleine Lichtung mit Hasenglöckchen auf Ross Island*

▲ *Rothirschbrunft in Killarney*

der einzigen überlebenden, ursprünglich irischen Rothirschherde. Der irische Rothirsch, der seine Genetik mit dem schottischen Rothirsch teilt, war einst weitverbreitet in Irland. Wildbret war allerdings, besonders ab dem Mittelalter, sehr beliebt, und so wurde der Rothirsch von der Oberschicht und, besonders während der Großen Hungersnot, auch von Wilderern gejagt. Dokumente belegen, dass eine der letzten Rothirschherden 1847 in der Grafschaft Mayo von hungrigen Wilderern erlegt wurde. Die Unzugänglichkeit der MacGillycuddy's Reeks und die besondere Wachsamkeit der damaligen Landherren erlaubten der Killarney-Herde, gerade so zu überleben. Im Jahr 1970 wurden nur etwa 100 Tiere gezählt, heute leben etwa 700 Tiere im Killarney-Nationalpark.

Neben dem Rothirsch fühlen sich auch einige nicht einheimische Paarhufer in dem Nationalpark wohl. Um die Jagdfreude der Oberschicht zu befriedigen, wurden ab dem 13. Jahrhundert Damhirsche aus Schottland importiert. Gegen Ende des 19. Jahrhunderts wurde dann auch der japanische Sikahirsch eingeführt. Beide Arten verbreiteten sich schließlich auch außerhalb der herrschaftlichen

Anwesen und teilten sich den Lebensraum mit dem irischen Rothirsch. Als gegen Ende des 20. Jahrhunderts bekannt wurde, dass eine Kreuzung zwischen dem irischen Rothirsch und dem Sikahirsch nicht nur theoretisch möglich ist, wurde ein Programm ins Leben gerufen, um genetisch reinrassige irische Rothirsche zu erhalten. So wurden zum einen einige Tiere aus Killarney in den Bergen Connemaras in der Grafschaft Galway wieder angesiedelt. Eine zweite Gruppe wurde auf Inishvickillane, einer kleinen Insel abseits der Kerry-Küste, ausgesetzt, und überraschenderweise scheinen sich die Tiere auf dem Felsblock im Atlantik sehr wohl zu fühlen.

In Killarney verbringen die Tiere die meiste Zeit in den Bergen, im Oktober aber treffen sie sich in den Wäldern und auf den Wiesen um die Stadt Killarney, um für Nachwuchs zu sorgen. Man muss sich nur ein paar Schritte vom Stadtkern entfernen und dem

▼ *Blick von der Old Kenmare Road*

Röhren der Hirschböcke folgen, um in der Mitte des Geschehens zu sein. Die Tiere sind derart mit ihrem eigenen Tun beschäftigt, dass sie kaum Notiz von menschlichen Beobachtern nehmen. Das hat zum einen den positiven Effekt, dass man sehr nahe an die Tiere herankommt, zum anderen nähern sich aber auch die Tiere den Menschen. Im Falle eines mit Testosteron gefüllten Hirschbocks, der nur eine Sache im Sinn hat, stellt dies nicht unbedingt eine wünschenswerte Situation dar.

Ausgehend von der Stadt selbst und dem Muckross House ist der gesamte Nationalpark von einem Netz aus Fahrrad- und Wanderwegen durchzogen und lässt sich dadurch sehr leicht erforschen. Einer der weniger bekannten und etwas anspruchsvolleren dieser Wege ist die Old Kenmare Road. Wie der Name vermuten lässt, war dies einst die Hauptverbindungsstraße zwischen Killarney und Kenmare, der nächsten größeren Marktstadt. Während die neue Straße an den Seen entlangführt und die Berge mehr oder weniger umgeht, verläuft die Old Kenmare Road durch das Herz der Berge. Heute kaum mehr als ein Feldweg, folgt die Straße zuerst dem Owengarriff River durch ein bewaldetes Tal, das sich schließlich zu einer von Deckenmoor geprägten Hochebene öffnet. Begrenzt wird dieses weite Moorland von Mangerton Mountain auf der einen sowie Torc Mountain auf der anderen Seite. Nach einigen Kilometern fällt die Straße in ein weiteres Tal ab, das einst besiedelte und bewirtschaftete Esknamucky Glen. Weite Ausblicke über die Seenlandschaft Killarneys, die Überreste der kleinen Gehöfte und die greifbare Abgeschiedenheit machen diesen Teil des Nationalparks zu etwas Besonderem.

An der östlichen Grenze des Killarney-Nationalparks, im Schatten der MacGillycuddy's Reeks, liegt eine weitere Reihe von Tälern, die eine melancholische Schönheit aufweisen. Am bekanntesten ist das vielbesuchte Gap of Dunloe. Zwischen nahezu senkrechten Bergwänden liegen vier dunkle Seen, an deren Ufern sich eine schmale Passstraße entlangschlängelt. Folgt man dieser Straße durch die schmale Lücke am oberen Ende des Tales, trifft man schließlich auf das Black Valley. Böse Zungen behaupten, der Name basiere darauf, dass das Tal erst 1976 als letzter Ort Irlands ans Stromnetz angeschlossen wurde. Eine andere Theorie behauptet, der Name habe mit der Großen Hungersnot zu tun, die hier im 19. Jahrhundert besonders viele Opfer gefordert hatte. Einen Eindruck von dieser Zeit gibt Liam O'Flahertys Roman „Hungersnot", die Geschichte über eine arme Bauernfamilie im Black Valley und deren Kampf ums Überleben. Die plausibelste Erklärung ergibt sich aber, wenn man den alten irischen Namen der MacGillycuddy's Reeks betrachtet. „Na-Cruacha Dubha" bedeutet „die schwarzen Gipfel". Von Irlands zehn höchsten Gipfeln finden sich neun in dieser Bergkette, drei davon erreichen eine Höhe von über 1000 Metern. Der rund 400 Millionen Jahre alte Sandstein, aus dem die MacGillycuddy's Reeks bestehen, ist der gleiche, der auch die Caha und Slieve Miskish Mountains auf Beara bildet. Die MacGillycuddy's Reeks selbst entstanden vor etwa 290 Millionen Jahren und waren Teil des variszischen Gebirgsgürtels, der sich während einer Zeit vermehrter Plattentektonik entwickelte. Der damalige Prozess ist vergleichbar mit der heutigen Kollision von Indien und Asien und der damit verbundenen Entstehung des Himalayagebirges. Schätzungen haben ergeben, dass die Reeks einst eine Höhe von über 4000 Metern erreicht hatten. Die Berge bilden die letzte Bastion des Sandsteins, und unter Lough Leane und Muckross Lake verläuft eine bedeutende geologische

▶ *Ein altes Farmhaus im Black Valley*

Grenze, die sich vom Nordwesten bis in den Südosten des Nationaparks erstreckt und besonders in der Gegend der beiden Seen auffällig ist. Unter den Seen trifft der Rote Sandstein der MacGillycuddy's Reeks auf Kalkstein, der die Basis der weiten Ebenen östlich der Seen bildet. Das Ufer des Lough Leane auf Ross Island offenbart bei niedrigem Wasserstand bizarre Kalksteinformationen, während am anderen Seeufer die Sandsteinberge der Reeks in den Himmel ragen.

Aber zurück ins Black Valley. Folgt man dem Tal entlang des Flusslaufes, vorbei am Cummenduff Lough und Lough Reagh, wird die Straße schließlich zum Feldweg und man befindet sich im Schatten des Carrauntoohill, mit 1.038 Metern Irlands höchster Berg. Man befindet sich außerdem auf dem Kerry Way, einer Fernwanderroute, die sich mit einer Länge von 200 Kilometern über die gesamte Iveragh-Halbinsel erstreckt. Der Weg wird schließlich zum Trampelpfad und führt über einen Bergsattel in das nächste Tal, das Bridia Valley, das ungefähre geographische Zentrum der Iveragh-Halbinsel, besser bekannt als der „Ring of Kerry".

Der Ring of Kerry, zweifellos Irlands bekannteste und meistbefahrene Küstenstraße, erstreckt sich über 180 Kilometer und führt durch kleine Dörfer und bunte Marktstädte, entlang weiter Sandstrände und grandioser Ausblicke zum westlichen Ende der Halbinsel und wieder zurück nach Killarney. Hier im Westen der Iveragh-Halbinsel liegt der kleine Hafenort Portmagee, der Ausgangspunkt zu einem der außergewöhnlichsten und faszinierendsten Plätze Irlands.

Die Skelligs, oder Skellig Islands, sind zwei kleine Inseln, etwa 13 Kilometer vom Festland entfernt. Die Beschreibung „Insel" wird diesen beiden Felsen in den oft stürmischen Gewässern des Atlantik allerdings nicht gerecht. Die Skelligs sind natürliche Kathedralen aus Stein, erbaut aus fast senkrechten Klippentürmen, die an ihrer höchsten Stelle 230 Me-

◄ *Lough Carragh, einer der größten Seen auf der Iveragh-Halbinsel*

ter aus dem Ozean ragen. Die kleinere der beiden, Little Skellig, beheimatet um die 30.000 Basstölpelpaare und ist damit nicht nur Irlands größte Brutkolonie dieses majestätischen Seevogels, sondern auch weltweit eine der größten. Die Insel ist für die Öffentlichkeit geschlossen, man kann die Vögel aber gut vom Boot aus beobachten. Skellig Michael, Little Skelligs größerer Nachbar, ist ebenfalls Brutplatz für eine Reihe von Seevögeln wie den Papageitaucher, den Eissturmvogel, den Schwarzschnabel-Sturmtaucher, die Alpendohle und andere. Was Skellig Michael von der kleineren Insel unterscheidet, sind über 600 in den Stein der Klippen gehauene Stufen, die zu einem im 6. Jahrhundert erbauten Kloster führen. Eine Kapelle, eine Kirche, einige kleine Häuser, ein Garten, Zisternen und ein Friedhof klammern sich hier an den Rand der Steilklippen und haben bis ins 11. Jahrhundert eine Gruppe von Mönchen beherbergt. Alle Gebäude wurden im Kraggewölbestil ohne Hilfe von Mörtel erbaut und trotzen den Atlantikstürmen seit einigen Jahrhunderten erfolgreich.

Skellig Michael ist seit 1996 eine UNESCO World Heritage Site und erlangte 2015 und 2017 globale Berühmtheit als Schauplatz der „Star Wars“-Filme „Das Erwachen der Macht“ und „Die letzten Jedi“. Wer sich der oft wilden Überfahrt zu Skellig Michael nicht gewachsen sieht, der kann einen Eindruck der Insel im Skellig-Experience-Besucherzentrum auf Valentia Island erhalten. Valentia ist eine von Irlands größeren Inseln und wird bequem von Portmagee aus über eine Brücke erreicht. Bray Head am westlichen Ende der Insel bietet einen traumhaften Blick zu den Skelligs, der besonders bei Sonneuntergang atemberaubend sein kann. Am östlichen Ende der Insel liegt Geokaun Mountain, der mit Ausblicken über die Iveragh-Halbinsel bis zu den MacGillycuddy's Reeks lockt. Am

Fuße des Geokaun Mountain kann man schließlich eine Reise in die ferne Vergangenheit antreten. An einem Stück felsiger Küste, bekannt als Carraig na gCrúb („Der Felsen der Hufe"), sieht man 150 runde Einkerbungen im Stein, alle in regelmäßigem Abstand zueinander. Das sind die Fußabdrücke eines Tetrapod, eines der ersten vierbeinigen Lebewesen, das hier vor mehr als 385 Millionen Jahren einen Spaziergang unternommen hat. Die Fußspuren sind geschichtlich von enormer Bedeutung und belegen den Moment, in dem Amphibien begannen, ihren angestammten Lebensraum zu verlassen; sie zeigen den Übergang vom Leben im Wasser zum Leben auf dem Land. Der Valentia Tetrapod Trackway ist einer von nur vier weltweit, die anderen befinden sich in Tarbet Ness in Schottland sowie in Genoa River und Glen Isla in Australien.

▼ *Blick von der Klostersiedlung auf Skellig Michael mit Little Skellig im Hintergrund*

HIGHLIGHTS

– Killarney und der Ring of Kerry

- **ROSS ISLAND** wird sehr einfach von Killarneys Stadtzentrum aus erreicht. Das beste Blumenschauspiel findet man im Frühling auf einem kleinen Seitenpfad, der direkt hinter dem Schloss beginnt und nach etwa 1,5 Kilometern wieder auf den Hauptpfad trifft. Die Wege hier beinhalten keine größeren Steigungen und sind teilweise rollstuhlgeeignet.
  `Koordinaten Parkplatz: 52.041430 / -9.5294376`

- **TOMIES WOOD** liegt am westlichen Ufer des Lough Leane. Um den Wald zu erreichen, muss man zuerst ein paar Felder überqueren. Der gesamte Rundwanderweg erstreckt sich über etwa 12 Kilometer auf teilweise unwegsamem Gelände. Ein kleiner, sehr steiler Seitenpfad führt an das Seeufer, wo ein kleiner Wasserfall in den Lough Leane plätschert.
  `Koordinaten Parkplatz: 52.053261 / -9.6108584`

- **OLD KENMARE ROAD** – Die Old Kenmare Road ist Teil des Kerry Way. Die ersten 4 Kilometer führen durch ein bewaldetes Flusstal und offenes Deckenmoor. Nach etwa 3 Kilometern sieht man die Überreste alter Bauernhöfe und hat wunderbare Aussichten über die Seen und Berge Killarneys.
  `Koordinaten Parkplatz: 52.001083 / -9.5048935`

- **GAP OF DUNLOE** – Das Gap of Dunloe lässt sich am besten zu Fuß oder mit dem Fahrrad erkunden. Die Straße ist zwar

▲ *Die MacGillycuddy's Reeks im Winter*

für Autos freigegeben, aber vor allem tagsüber wird der einspurige Weg von Wanderern, Fahrradfahrern und Pferdekutschen benutzt, was das Autofahren etwas anstrengend macht. Ein Besuch des Gap of Dunloe lässt sich sehr gut mit einem Besuch des Black Valley verbinden, und wer eine längere Exkursion nicht scheut, kann dies auch zu Fuß oder mit dem Fahrrad tun.
Koordinaten Parkplatz: 52.039959 / -9.6318313

▶ **BLACK VALLEY** – Die beiden Seen am Ende des Tals und die Straße, die dann in die Berge führt, gilt als die schönste Ecke dieses faszinierenden Tals. Etwa 1 Kilometer nach den Seen wird die ohnehin sehr schmale Straße zum Feldweg und ist für Autos unpassierbar.
Koordinaten Parkplatz: 51.973163 / -9.7149471

▶ **THE SKELLIGS** – Skellig Michael wird während der Sommermonate täglich von verschiedenen Anbietern von Portmagee aus angefahren. Rechtzeitig buchen ist unbedingt anzuraten. Die Überfahrt ist oft etwas schaukelig und die Wege auf der Insel sind sehr schmal, extrem steil und häufig auch rutschig. Leider gab es über die Jahre einige tödliche Unfälle, die durch falsche Bekleidung und Unachtsamkeit verursacht wurden. Seetüchtigkeit, Schwindelfreiheit und extreme Vorsicht sind unbedingt notwendig.
www.skelligexperience.com
Koordinaten Parkplatz: 51.885831 / -10.366489

▶ **VALENTIA ISLAND** – Valentia wird über eine Brücke von Portmagee aus erreicht. Im Sommer verkehrt auch eine Autofähre von Cahersiveen nach Knightstown. Trotz ihrer Nähe zum Festland hat Valentia ihren Inselcharme behalten und wirkt auch im größten Trubel der Hauptsaison ruhig. Darüber hinaus bietet die Insel einige der schönsten Ausblicke am Ring of Kerry.
www.valentiaisland.ie
Koordinaten Parkplatz:
51.929545 / -10.345361 (Tetrapod Fußspuren)

REISEINFORMATIONEN
– Killarney und der Ring of Kerry

▲ *Ballaghbeama Gap an einem Sommerabend*

▶ ANREISE

Killarney liegt am Knotenpunkt der N22 und N72 vom Norden und N71 vom Süden. Der Ring of Kerry (N70) ist von Killarney aus sehr gut ausgeschildert und wird über die N72 (nach Norden) oder N71 (nach Süden) erreicht.

Die Fähre zu den Skelligs in Portmagee und Valentia Island erreicht man über die R565 westlich von Cahersiveen.

▶ UNTERKUNFT UND VERPFLEGUNG

Als eine von Irlands Tourismushochburgen bietet Killarney eine große Auswahl an Unterkünften, Restaurants, Cafés und Einkaufsmöglichkeiten. In der Hauptreisezeit ist es aber sehr zu empfehlen, im Voraus zu buchen.

Wer dem Trubel etwas entgehen möchte, kann sich in einem der Städtchen entlang des Ring of Kerry, wie Kenmara, Sneem, Glenbeigh, Cahersiveen oder Knightstown auf Valentia Island, einquartieren. Unterkünfte, Restaurants, Cafés und Einkaufsmöglichkeiten sind auch hier ausreichend vorhanden.

▲ *Torc Waterfall ist eine der Hauptattraktionen im Killarney-Nationalpark*

ANGEBOTE

- **Wildlife Watching Bootstouren:** www.seafariireland.com
- **Garten und Wanderwege:** www.kellsbay.ie

WANDERWEGE

Im Killarney-Nationalpark gibt es eine große Auswahl an Wanderwegen verschiedener Länge und Schwierigkeitsgrade. Für erfahrene Wanderer bietet sich außerdem der 200 Kilometer lange Kerry Way an, der sich um die gesamte Iveragh-Halbinsel erstreckt. Der Kerry Way ist in Etappen unterteilt, die auch individuell erwandert werden können. Mehr Informationen und Routen findet man hier:

www.kerryway.com
https://www.killarneynationalpark.ie/explore/walking-hiking/

Ein guter Weg, um den Nationalpark zu erleben, ist das Fahrrad. In der Stadt Killarney gibt es zahlreiche Verleiher und ein gut ausgebautes Wegnetz in und um Killarney macht es sehr einfach, den Nationalpark zu erforschen.

BESTE JAHRESZEIT

Frühling und Herbst.

INTERNET

www.killarneynationalpark.ie
www.ringofkerry.com
www.ringofkerrytourism.com

DINGLE

▲ *Minard Castle aus dem 16. Jahrhundert überblickt die Südküste der Halbinsel*

Die Dingle-Halbinsel ist die Pforte zu Irlands Westküste. Die sanfte Beschaulichkeit der Killarney-Seenlandschaft oder die Üppigkeit der Wälder Glengarriffs sucht man hier vergeblich. Dingle besteht aus dramatischen Bergen, schroffen Klippen und windgepeitschten Sandstränden, und die wenigen Bäume, die es wagen, den Elementen zu trotzen, stehen gebeugt vom Westwind. Dingle ist wild und rau, atemberaubend und bezaubernd, all das, was man von Irlands Westküste erwartet.

Der irische Name der Halbinsel, Corca Dhuibhne, bedeutet „Gebiet des Danu-Volkes". Danu war eine keltische Göttin, die in verschiedenen Formen in ganz Europa auftrat. In Irland war sie die Muttergöttin der Tuatha De Dannan („Das Volk der Göttin Danu"), auf dem Festland trat sie meist als Fruchtbarkeits- oder Wassergöttin auf. Die Namen einiger europäischer Flüsse, wie die Donau („Danube" in der englischen Sprache) und Don, haben möglicherweise hier ihren Ursprung. Auf der Dingle-Halbinsel ist die lateinische Form des Namens Danu – „Dovinia" – auf einigen alten Steinen zu sehen, die vermutlich als Grenzmarker benutzt wurden. Diese Steine stammen aus dem frühen Mittelalter,

die meisten aus dem 5. und 6. Jahrhundert, und sind bekannt als Ogham Stones. Ogham ist die älteste niedergeschriebene Form der irischen Sprache und wurde etwa vom 4. bis zum 9. Jahrhundert benutzt. Die Dingle-Halbinsel hat die größte Ansammlung dieser Steine in ganz Irland, um die 70 Ogham Stones wurden bisher gefunden. Die Steine zeigen meist eine Reihe von Namen, vermutlich den des Landbesitzers und seiner Vorfahren.

Die Ogham Stones sind allerdings nur ein kleiner Teil einer faszinierenden Ansammlung von Denkmälern. Die Dingle-Halbinsel ist einer der Plätze, an dem Landschaft und Geschichte untrennbar miteinander verwoben sind. Die menschliche Geschichte, beginnend in der Steinzeit mit der Errichtung von Steinkreisen und Steinreihen, ist fester Bestandteil der natürlichen Landschaft und das setzt sich bis in die Gegenwart fort. Dies zeigt sich unter anderem in der Aufrechterhaltung alter Traditionen wie The Wren oder The Wren's Day, der am 26. Dezember zelebriert wird und seinen Ursprung in vorchristlichen Wintersonnenwende-Ritualen hat. Ebenso hat die irische Sprache einen sehr hohen Stellenwert, besonders in der westlichen Hälfte der Halbinsel. Dingle ist eine

Gaeltacht, eine Gegend in der Irisch die Umgangssprache ist. Es ist hier nicht ungewöhnlich, an der Straßenecke oder in der Kneipe die leicht gutturalen irischen Laute zu hören, die so perfekt die Landschaft reflektieren. Die Ursprünge der irischen Sprache liegen im Dunkeln, es wird aber vermutet, dass die Sprache mit der Ankunft der keltischen Stämme in der späten Bronzezeit nach Irland kam.

In dieser Phase entstanden auch die ersten die Zeit überdauernden Siedlungen und Festungen. Ringforts (Ringburgen), Hillforts (Wallburgen) und Promontory Forts (Ringburgen an der Küste, bei der ein Teil der Außenmauer von Steilklippen ersetzt wird) wurden ab etwa 500 v. Chr. erbaut. Es wird vermutet, dass diese Anlagen als Heimstätte für größere Clans und kleinere Familienverbände dienten und in den meisten Fällen einige Jahrhunderte lang in Benutzung waren. Eines der beeindruckendsten Beispiele ist Dunbeg, ein klassisches Promontory Fort, direkt am Rand von 30 Meter hohen Klippen erbaut. Über die letzten Jahre fielen leider große Teile des Bauwerks Stürmen und Erosion zum Opfer. In seiner Glanzzeit bildete das Fort eine Barriere zwischen dem Festland und einer geräumigen Landspitze. Die Mauer des Forts war etwa 6 Meter breit und 60 Meter lang. Außerhalb der Steinmauer fanden sich Überreste mehrerer Schutzwälle aus Lehm und Kies. Innerhalb der Steinmauer standen mehrere Clochans, Steinhütten ähnlich denen auf Skellig Michael. Es wurden außerdem Überreste von Steinmauern gefunden, die sich, ausgehend vom Fort, bis auf die Spitze des angrenzenden Berges, des Mount Eagle, erstreckten.

Berge sind das Wahrzeichen der Dingle-Halbinsel. Anders als auf Beara oder Iveragh beschränken sich die Berge hier jedoch nicht auf das Zentrum der Halbinsel, sondern erheben sich direkt aus dem Atlantik oder formen sanfte Ausläufer entlang der Küste. Im Osten bilden die Slieve Mish Mountains eine natürliche Grenze zum Festland. Die Bergkette erstreckt sich über eine Länge von etwa 20 Kilometern und kommt eher einer Ansammlung von Hügeln gleich, die von Deckenmoor bedeckt sind und eine Höhe von 850 Meter erreichen. Der westliche Teil der Slieve Mish Mountains ist nur schwer zugänglich, lässt sich aber gut vom Dingle Way aus bewundern, der sich an der Nordseite der Berge entlangtastet. Der westliche Teil der Slieve Mish Mountains wird von dem Massiv des Stradbally Mountain und Beenoskee dominiert. Beide Gipfel bilden weite Ausläufer, die sich in den Süden der Halbinsel win-

▼ *Die Slieve Mish Mountains im Spätsommer*

den und dabei eine Reihe von dramatischen Tälern formen. Glenteenassig liegt direkt am Fuß des Stradbally Mountain. Das langgestreckte Tal ist teilweise mit Nadelwald-Plantagen bedeckt, die sich allerdings überraschend gut in das Landschaftsbild einfügen, das hier etwas an die schottischen Highlands erinnert.

Am oberen Ende des Tals liegen zwei Bergseen: der an drei Seiten von steilen Klippen umgebene Lough Slat und der malerische Lough Cam. Das Ende des Tals bilden die Klippen des Reamore. Auf der anderen Seite dieses Bergs liegt ein weiteres Tal, dessen Eingang komplett von einem See, Lough Anascaul, eingenommen wird. Der See und der aus ihm entspringende Fluss, Owenascaul River, ist besonders unter Fischern beliebt und beherbergt Meerforelle und Atlantischen Lachs. Im Sommer ist der See von einem Bett aus Adlerfarn und Fingerhut umgeben, die in starkem Kontrast zu den roten Sandsteinklippen der umliegenden Berge stehen. Am oberen Ende des Tals stehen die Überreste einer kleinen Siedlung, und etwas weiter oberhalb, am Ende eines grasbewachsenen Hohlwegs, findet man eine Felsplattform. Glaubt man der Legende, so wurde hier der letzte Wolf der Dingle-Halbinsel im frühen 18. Jahrhundert erlegt. Die Felsplattform trägt bis heute den Namen Wolf's Step.

▼ *Lough Cam im Glenteenassig Forest Park*

Südlich des Sees liegt das Dorf Anascaul, Geburtsort eines international oft übersehenen Antarktisforschers. Tom Crean wurde im Jahr 1877 geboren und verpflichtete sich 1893 in der Royal Navy. Er war Mitglied zweier Expeditionen unter Robert F. Scott und nahm auch an Ernest Shackletons unglückseliger Endurance Expedition teil. Ziel dieser Expedition war es, die erste Durchquerung des antarktischen Kontinents zu meistern. Leider schafften es Shackleton und seine Crew nicht einmal bis zum Ausgangspunkt der Expedition. Ihr Schiff, die Endurance, blieb im Packeis stecken und sank. Nach Monaten auf dem Eis rettete sich die Crew auf Elephant Island. Von dort aus starteten Shackleton und fünf Mitglieder der Crew eine 13.000 Kilometer lange Reise in einem der Rettungsboote der Endurance – ein verzweifelter Versuch, bewohntes Land zu erreichen und die Rettung der verbleibenden Mannschaft zu organisieren. Tom Crean war einer der sechs Männer, die die Reise von Elephant Island nach South Georgia unternahmen. Shackleton und seine Rettungscrew schafften das Unmögliche und die auf der Insel Verbliebenen wurden schließlich gerettet.

Westlich von Anascaul gehen die Ausläufer der Slieve Mish Mountains in das Massiv des Brandan Mountain and Brandan Peak über. Zwischen den beiden Gebirgszügen verläuft der Conor Pass, einer von Irlands schönsten und abenteuerlichsten Passstraßen. Nahe ihrem höchsten Punkt ist die Straße einspurig mit senkrechten Klippen auf beiden Seiten. Nur eine alte Steinmauer trennt den Fahrer von dem Freifall auf der anderen Seite und verleiht etwas trügerische Sicherheit. Die Ausblicke vom höchsten Punkt des Passes sind den Nervenkitzel allerdings wert. Zur linken liegt die Bergwelt des Brandon Peak und Brandon Mountain, die Gipfel oft in Wolken gehüllt, darunter ein weites Tal und die brandungsgesäumten Ufer der Brandon Bay, dahinter der weite Atlantik.

Benannt sind die beiden Bergspitzen und die darunterliegende Bucht nach St. Brendan - Mönch, Heiliger und einer von Irlands zwölf Aposteln. Am bekanntesten ist St. Brendan für seine legendäre Reise über den Nordatlantik, die ihm den Beinamen „Der Navigator“ einbrachte. Es wird berichtet, dass Brendan zusammen mit 16 Begleitern Irland in einem einfachen, mit Leder bespannten Segelboot verließ, um nach dem Paradies zu suchen. Hieraus entstand eine fantastische Geschichte, in der unter anderem Seemonster, feurige Flüsse, Kristallberge und Inseln voller Schafe

▲ *Derrymore-Strand mit Brandon Mountain und Brandon Peak an einem Wintermorgen*

auftauchen. Der Abenteurer Tim Severin betrachtete Brendans Legende als einen wirklichen Reisebericht und stach, nach langer Planung, im Mai 1976 in einer Nachbildung von Brendans Boot in See. Was folgte, war eine 7.200 Kilometer lange Seereise nach Neufundland. Während der Reise trafen Tim Severin und seine Crew Seemonster (Finn- und Buckelwale), sahen feurige Flüsse (Lavaströme auf Island) und Kristallberge (Eisberge vor Grönland) und fanden Inseln voller Schafe (die Hebriden). Durch seine Reise bewies Tim Severin, dass es durchaus im Bereich des Möglichen war, dass St. Brendan als erster Europär seinen Fuß auf den amerikanischen Kontinent setzte, lange vor den Wikingern und Kolumbus.

Am südlichen Ende des Conor Passes liegt Dingle, die Hauptstadt der Halbinsel und mit ihren schmalen Straßen und bunten Häusern zweifellos einer der schönsten Fischerorte Irlands. Folgt man der sich windenden Küstenstraße von Dingle aus in Richtung Westen erreicht man schließlich Slea Head, einen der westlichsten Punkte Europas, im Schatten des 516 Meter hohen Mount Eagle. Von hier an führt die Straße Richtung Norden und offenbart einige der schönsten Kulissen Irlands: den von senkrechten Klippen umgebenen Coumeenoole-Strand, das kleine Dorf Dunquin mit seinem am Fuß von senkrecht abfallenden Steilklippen liegenden, Hafen, Clogher Head mit seinem goldenen Sandstrand und dramatischen Ausblicken über die Nordhälfte der Dingle-Halbinsel. Im Westen dominieren die – aus der Entfernung sanft erscheinenden – Formen der Blasket Islands.

Die Blasket Islands sind eine Gruppe von sechs Inseln westlich des Slea Head. Die größte und bekannteste der Inseln ist Great Blasket. Diese ist nur 2 Kilometer vom Festland entfernt und war bis 1953 bewohnt. Da die Bevölkerung der Insel in den frühen Jahren des 20. Jahrhunderts dramatisch abnahm, die Insel durch schlechtes Wetter oft vom Festland abgeschnitten war und die Lebensbedingungen sehr primitiv waren, wurden die letzten Bewohner schließlich auf das Festland übergesiedelt. Nur wenige Jahre vor der Räumung der Insel kam die Great Blasket zu internationalem Ruhm, als eine Reihe von Autoren das harsche Leben auf

▼ *Der Blick vom Conor Pass zu Mount Brandon und Brandon Peak*

der Insel dokumentierten. Peig Sayers („So irisch wie ich – Eine Fischersfrau erzählt ihr Leben“), Maurice O'Sullivan („Das Meer ist voll der schönsten Dinge“) und Tomas O'Crohan („Die Boote fahren nicht mehr aus“) schrieben in ihrer irischen Muttersprache, die Bücher wurden dann ins Englische, später auch in andere Sprachen übersetzt und weltweit veröffentlicht.

Heute gehört die Insel den Seevögeln und Seehunden. Der Sandstrand ganz in der Nähe des alten Dorfes ist eine der größten Kegelrobbenkolonien Irlands. Im Herbst und Winter – die jungen Kegelrobben werden im September und Oktober geboren – tummeln sich bis zu 1.000 Tiere auf dem Strand und in den vielen kleinen Buchten der Blasket Islands.

Die Gewässer der Blasket Islands und Dingle Bay ziehen aber auch andere Meeresbewohner an. Neben dem Riesenhai, Gemeinen Delfin, Großen Tümmler und Schweinswalen sieht man hier auch regelmäßig die Giganten: Zwergwal, Schwertwal, Buckelwal und Finnwal. Waltiere sind in der Regel soziale Tiere und treten in mehr oder weniger großen Familiengruppen auf. Es gibt allerdings

▼ *Der Blick vom Clogher Head über Clogher Strand zu den Three Sisters*

▲ *Finnwal und Little Skellig*

auch Ausnahmen: Im Jahr 1983 bemerkten Fischer einen einzelnen jungen Großen Tümmler, der regelmäßig ihren Booten folgte. Später trafen auch Taucher auf das Tier, das sehr offensichtlich an seinen menschlichen Nachbarn interessiert war. Mit der Zeit entwickelte sich Fungie, wie er von der Presse getauft wurde, zu einer Touristenattraktion, die jedes Jahr Hunderte von Besuchern anlockt, und sieht man den Großen Tümmler in seinem Element, könnte man fast glauben, dass er seine Rolle genießt.

Fungie ist aber nicht der einzige Einzelgänger an Irlands Westküste. Dusty, ein weiblicher Großer Tümmler, lebt seit 2000 zwischen dem Hafen in Doolin in der Grafschaft Clare und Inisheer, einer der Aran-Inseln, wo sie als Sandy bekannt ist.

Weltweit ist das Einzelgänger-Phänomen nicht so selten, wie man vielleicht denkt. In den meisten Fällen sind es Große Tümmler oder Gemeine Delfine, die ein Leben mehr oder weniger abseits ihrer eigenen Art und in der Nähe von Menschen suchen. Es gibt aber auch Berichte von Beluga- und Schwertwalen, die ein ähnliches Verhalten zeigen. In den meisten Fällen bleibt das Tier nur für eine bestimmte Zeit solitär und ortsgebunden, meist einige

Wochen oder Monate. Manchmal aber schlägt das Tier feste Wurzeln. Fungie hält hier mit über 30 Jahren den Rekord, gefolgt von Pelorus Jack, einem Rundkopfdelfin, der von 1888 bis 1912 Boote durch die Cookstraße in Neuseeland eskortiert hat. Der Grund für dieses ungewöhnliche Verhalten ist unbekannt. Eine Theorie lautet, dass manche Waltiere uns Menschen als etwas ungewöhnlich aussehende Artgenossen betrachten und als Ersatzherde adoptieren.

Diese Situation bringt natürlich auch Probleme mit sich. Nachdem der Delfin die Nähe zu den Menschen gesucht hat, versuchen nun auch viele Menschen dem wilden Tier nahe zu sein. Zum einen erhöht dies die Verletzungsgefahr für den Delfin durch Bootspropeller und Angelgerät. Zum anderen geraten auch Menschen in Gefahr, wenn sich das Tier bedrängt fühlt. Während Fungie bisher nur positive Schlagzeilen gemacht hat, erinnert Dusty/Sandy von Zeit zu Zeit daran, dass Große Tümmler wilde Tiere sind und mit Respekt behandelt werden sollten. In einigen Zwischenfällen verursachte Dusty/Sandy schwere Verletzungen an Naturfreunden, die mit dem Tier schwimmen wollten und jegliche Rücksicht vergaßen.

▼ *Der Hafen in Dingle Town*

Die Dingle-Halbinsel hat auch einen guten Ruf unter Vogelfreunden. Die größte Anzahl von Brutpaaren der Alpendohle in Irland findet sich hier und auch die Ringelgans überwintert in großer Anzahl in den geschützten Küstengebieten der Dingle Bay und Tralee Bay. Der Westen der Halbinsel ist zudem einer der letzten Plätze in Irland, an denen man den Ruf des Wachtelkönigs hören und die Kornweihe über schilfbewachsene Flussmündungen schweben sehen kann. Am Slea Head trifft man einige sehr zutrauliche Silbermöwen, die anscheinend Tag ein, Tag aus darauf warten, von mitleidigen Passanten gefüttert zu werden.

Dieser Umstand ist, angesichts der Tatsache, dass Vögel lange Zeit als fester Ernährungsbestandteil der einheimischen Bevölkerung galten, einigermaßen kurios. Besonders die Eier der Papageitaucher und verschiedener Möwenarten waren sehr beliebt, und Kletterpartien in den Klippen, die dem Zweck dienten, an die Eier heranzukommen, waren an der Tagesordnung. Es gibt auch Berichte, dass der sehr ölhaltige Körper der Sturmschwalbe als Kerze benutzt wurde. Dabei wurde eine Binse durch den Schnabel in den Verdauungstrakt des Vogels eingeführt und als Docht benutzt.

Zur gezielten Vogelbeobachtung eignen sich der Slea Head und Dunquin am westlichen Ende der Halbinsel, Dingle Harbour und Bumham Lagoon im Süden und Brandan Point und Smerwick Harbour im Norden. Außerhalb der Stadt Tralee, nur wenige Kilometer nördlich der Halbinsel, gibt es außerdem das Tralee Bay Wetlands Centre sowie ein Naturreservat mit einem 20 Meter hohen Aussichtsturm sowie Unterständen zur Vogelbeobachtung. Geführte Exkursionen, die viele spannende Informationen über das umliegende Feuchtgebiet und Tralee Bay versprechen, können hier ebenfalls gebucht werden.

HIGHLIGHTS

– Dingle

▸ **SLIEVE MISH MOUNTAINS** – Der einfachste Weg, in das Herz der Slieve Mish Mountains einzudringen, ist eine kleine Passstraße, die in der Nähe der Ortschaft Camp von der N86 abzweigt. Ebenfalls in der Nähe von Camp befindet sich ein Einstieg zum Dingle Way, der hier an den unteren Hängen der Berge entlangführt.
Koordinaten Parkplatz:
52.184274 / -9.8774339 (Passstraße)
52.196797 / -9.9317466 (Dingle Way)

▸ **SLEA HEAD** – Für den Slea Head sollte man sich etwas Zeit nehmen. Neben den ausgeschilderten Aussichtspunkten sollte man unbedingt Coumeenoole Strand und den angrenzenden Dunmore Head anschauen. Entlang der Küstenstraße von Dingle zum Slea Head findet man außerdem einige der größten geschichtlichen Monumente der Halbinsel wie z.B. das Dunbeg Fort.
Koordinaten Parkplatz: 52.109569 / -10.465175

▸ **CLOGHER HEAD** liegt nur wenige Kilometer nördlich des Slea Head und bietet dramatische Ausblicke zu den Blasket Islands und der Nordküste der Dingle-Halbinsel. Der kleine Sandstrand nebenan ist ebenso einen Abstecher wert.
Koordinaten Parkplatz:
52.150226 / -10.466027 (Clogher Head)
52.156756 / -10.459579 (Strand)

▶ **BRANDON POINT** – Die Gegend östlich des Brandon Mountain ist eine weniger besuchte Gegend der Dingle-Halbinsel, die den umliegenden Gebieten in Sachen Schönheit aber in nichts nachsteht. An der Landspitze des Brandon Point beginnt einer der wildesten Küstenpfade Irlands, der Sauce Creek Walking Trail, mit einmaligen Ausblicken über Berge und Küste.
Koordinaten Parkplatz: 52.288054 / -10.160406

▲ Ein Regenbogen am Cappagh Strand

▶ **GLENTEENASSIG** – Von Glenteenassig aus lässt sich die Bergwelt der Dingle-Halbinsel bequem erkunden. Am interessantesten und schönsten ist der teilweise mit Planken ausgelegte Rundweg um Lough Cam.
Koordinaten Parkplatz: 52.204744 / -10.048831

▶ **LOUGH ANASCAUL** ist eine der ruhigsten Ecken der Halbinsel, außer einem Fischer trifft man hier selten jemanden. Von einem gemütlichen Spaziergang bis zu einer guten Wanderung zum Ende des Tals und in die Berge ist hier alles möglich.
Koordinaten Parkplatz: 52.179793 / -10.073098

▶ **CONOR PASS** – Der Conor Pass ist eine der Hauptattraktionen der Halbinsel, und vor allem im Sommer ist der Parkplatz auf dem höchsten Punkt der Passstraße oft gut gefüllt.

Ein zweiter Parkplatz etwas unterhalb des Hauptparkplatzes erlaubt wunderbare Blicke auf Mount Brandon und bietet einen Zugang zu einem versteckten Bergsee namens Lough Doon, der direkt

vom Parkplatz aus erreicht werden kann. Die Strecke schließt eine kurze und leicht zu bewältigende Klettereinheit ein.
Koordinaten Parkplatz: 52.181765 / -10.207694

▶ **TRALEE BAY WETLANDS CENTER** am Stadtrand von Tralee ist besonders für Vogelfreunde sehr zu empfehlen. Das Besucherzentrum bietet jede Menge Informationen zur lokalen Tier- und Pflanzenwelt, einen Aussichtsturm und Vogelbeobachtungshütten.
www.traleebaywetlands.org
Koordinaten Parkplatz: 52.261405 / -9.7167078

▶ **FENIT** ist ein Fischerort an der Nordseite der Tralee Bay und unbedingt einen Abstecher wert. Die Ausblicke auf die Slieve Mish Mountains und die Dingle-Halbinsel sind einmalig.
Koordinaten Parkplatz: 52.275536 / -9.8649987

▲ *Anascaul River und das Tal oberhalb des Lough Anascaul*

▶ **ANREISE**

Die Hauptroute nach Dingle verläuft von Tralee über die N86. Vom Süden kann die Halbinsel auch über die N70 und R561 erreicht werden. Um die Küste westlich von Dingle zu erreichen, benutzt man die R559 und R549. Beide Straßen beginnen und enden in Dingle. Der Conor Pass liegt an der R560 und ist gut ausgeschildert.

▸ UNTERKUNFT UND VERPFLEGUNG

Dingle ist die größte Stadt auf der Halbinsel und bietet eine gute Auswahl an Unterkünften, Restaurants, Cafes und Geschäften. Besonders während der Hauptsaison empfiehlt es sich, im Voraus zu buchen. Die kleineren Orte wie Anascaul, Ventry, Ballyferriter, Stradbally und Castlegregory bieten auch eine Reihe von Unterkünften, jedoch nur eingeschränkte Einkaufsmöglichkeiten.

▸ ANGEBOTE

- **Bootstouren:** www.dingledolphin.com
  www.dingleboattours.com
  www.dingleseasafari.com
- **Aquarium:** www.dingle-oceanworld.ie

▸ WANDERWEGE

Die Dingle-Halbinsel bietet eine Reihe von Wanderwegen unterschiedlicher Länge und Schwierigkeitsgrade. Der bekannteste ist der Dingle Way, der im Ganzen mehr als 162 Kilometer lang ist, aber auch in Abschnitten erwandert werden kann. Der beliebteste Abschnitt erstreckt sich von Dingle nach Dunquin. Detaillierte Informationen findet man hier: www.dingleway.com.

Sehr zu empfehlen ist der Sauce Creek Walking Trail, der einige der besten Berg- und Meerszenerien in Irland bietet. Allerdings sollte diese Wanderung nur bei gutem Wetter unternommen werden. Atlantische Regenfronten können den Klippenpfad innerhalb von Minuten in dichte Wolken hüllen und der unerfahrene Wanderer kann schnell die Orientierung verlieren.

Der Glenteenassig Forest Park eignet sich gut für kurze und leicht zu bewältigende Wanderungen.

Die Website www.dingle-peninsula.com bietet detaillierte Informationen über alle Wanderrouten auf der Halbinsel, die sich auch als PDF herunterladen lassen.

▸ BESTE JAHRESZEIT

Frühling, Spätsommer und Herbst.

▸ INTERNET

www.dingle-peninsula.ie

W

2

DIE ATLANTIKKÜSTE DER WESTEN

LOOP HEAD

Die Halbinsel Loop Head zählt zu den wahren Geheimtipps in Irland. Der Landarm, dessen Umriss an einen von der Gicht gekrümmten Finger erinnert, ist an seiner weitesten Stelle weniger als 10 Kilometer breit und erstreckt sich über eine Länge von etwa 25 Kilometern vom Festland bis zum Atlantik. Die Grenze zum Festland markieren das Marktstädtchen Kilrush im Süden sowie der beliebte Badeort Kilkee im Norden. Die hufeisenförmige Bucht mit ihrem langen Sandstrand, geschützt von Steilklippen und dem Riff der Duggerna Rocks, galt bereits in viktorianischen Zeiten als populärer Urlaubsort.

Was Loop Head Peninsula von den anderen Halbinseln der Südwestküste unterscheidet, ist ihre besondere Lage. Der Süden der Halbinsel grenzt an die Mündung des Shannon, Irlands längsten Fluss und seit jeher eine der wichtigsten Schifffahrtsrouten Irlands. Große Transportschiffe auf dem Weg zu den großen Handelshäfen in Foynes und Limerick, zu den Kraftwerken in Tarbert und Killimer oder zur umstrittenen Raffinerie in Aughinish können regelmäßig beobachtet werden. Gleichzeitig ist die Mündung des Shannon aber auch eine SAC (Special Area of Conservation). Viele

◄ *Regenwolken über Clare Island, eine bewohnte Insel am Eingang der Clew Bay*

▲ *Einer der Blicke von der Küstenstraße. Die Felsnadel ist bekannt als Grean Rock.*

geschützte Buchten bieten einen wichtigen Lebensraum für Watt- und andere Vögel. Die größte dieser Buchten ist die Poulnasherry Bay am Südostende der Halbinsel. Die Ebbe legt hier weite Flächen von Watt und Schlick frei, ein gedeckter Tisch für Seiden- und Graureiher, Austernfischer, Rotschenkel, Sandregenpfeifer, Sanderling und den inzwischen leider sehr seltenen Brachvogel. Im Winter kann man auch gut Kiebitze, Nonnen- und Ringelgans beobachten.

Im Gegensatz zur idyllischen Ruhe an der Shannonmündung ist die Spitze und Nordküste des Loop Head der Gewalt und den Launen des Nordatlantiks ausgesetzt, der hier über Jahrtausende eine der faszinierendsten Klippenszenerien Irlands geschaffen hat.

Die Geschichte der Loop Head-Halbinsel begann vor etwa 280 Millionen Jahren. In dieser Zeit befand sich das Stückchen Erdkruste, das in ferner Zukunft Irland werden sollte, am Grund eines flachen Ozeans am Rande des Superkontinents Pangäa in der Nähe des Äquators. Die Flüsse Pangäas leiteten unvorstellbare Mengen von Schlamm und Schlick in den Ozean, und über Jahrmillionen verfestigten sich diese Ablagerungen in Schiefer und Sandstein, der heute die Klippen des Loop Head bildet.

▲ *Abendlicht an der Bridge of Ross*

Für Geologen ist die Gegend ein Wunderland. Um die Entstehung Irlands im Allgemeinen und der Halbinsel Loop Head im Besonderen zu bewundern und zu erforschen, gibt es kaum einen besseren Platz. Die normalerweise waagerechten Gesteinsschichten ragen an manchen Stellen fast senkrecht aus dem Atlantik und die Verformungen und Krümmungen geben ein klares Bild von den Kräften, die Irland geformt haben. Der Atlantik hat das Übrige getan und über einige tausend Jahre Inseln, Felsnadeln, Brücken, Tore und Höhlen aus den Klippen herausgemeißelt. Neben der in Kilkee beginnenden Küstenstraße ist die Gegend um die Bridge of Ross der beste Ort, um die Geologie des Loop Head hautnah zu erleben. Als Hauptattraktion gilt hier die Bridge of Ross, die letzte von ehemals drei natürlichen Felsbrücken. Mindestens genauso sehenswert wie diese Brücke ist die kleine Bucht neben dem Parkplatz. Das östliche Ende der Bucht lässt sich über einen schmalen Küstenpfad erreichen. Neben interessanten Felsformationen findet man hier auch eine kleine Höhle, die man allerdings nur bei Ebbe und sehr ruhigem Wetter betreten kann. Zur Bucht selbst kann man über eine künstliche Rampe gelangen, die für die Dreharbeiten des 1970 gedrehten Hollywood-Films „Ryan's Tochter“ gebaut wurde. Bei Ebbe präsentiert die Bucht zahlreiche Gezeitentümpel, und man kann hier gut einige Stunden verbringen und die Unterwasserwelt erforschen. Pferdeaktinie, Gemeine und Durchsichtige Napfschnecke, Bunte Kreiselschnecke, Gemeiner Einsiedlerkrebs, Essbarer und Schwarzer Seeigel, Gemeiner Seestern und Eisseestern sind nur einige der vielen Tier- und Pflanzenarten, die man hier entdecken kann. Größere und noch artenreichere Gezeitentümpel gibt es in Kilkee. Die als Pollock Holes bekannten Tümpel sind groß genug, um darin schwimmen und schnorcheln zu gehen.

Ganz in der Nähe der Bridge of Ross steht eine unscheinbare Kirche. Diese sollte aber unbedingt besucht werden, denn in der Kirche steht ein einmaliger und ungewöhnlicher Teil irischer Geschichte: The Little Ark. Im 19. Jahrhundert war Irland unter englischer Herrschaft, der Großteil der irischen Bevölkerung lebte in Armut. Ihr katholischer Glaube wurde von den protestantischen

▼ *Blick in die Little Ark*

Herrschern grausam unterdrückt. Nachdem dem katholischen Priester der Gemeinde wiederholt ein Platz zum Halten der Messe verwehrt worden war, hatte dieser eine Idee: Der Streifen Land, der bei Ebbe freigelegt wird, war laut ungeschriebenem Gesetz ein Niemandsland, auf das auch die englischen Besatzer keinen Anspruch vorbringen konnten. Der Priester, Father Meehan, ließ also in der kleinen Ortschaft Carrigaholt eine tragbare Kapelle bauen, die als The Little Ark bekannt wurde. Zwischen 1853 und 1857 wurden dann auf dem kleinen Strand in Kilbaha bei Ebbe regelmäßig Messen gehalten und Hochzeiten und Taufen vorgenommen. Diese stille Rebellion machte zuerst nationale und schließlich sogar internationale Schlagzeilen, was zur Folge hatte, dass am 10. Oktober 1857 der Grundstein für die heutige katholische Kirche gelegt wurde. The Little Ark bekam einen dauerhaften Platz in einem eigens gebauten Seitenarm der Kirche.

Die Klippen des Loop Head dienen auch als Nistplatz für eine Reihe von Vogelarten: Eissturmvogel, Dreizehenmöwe, Trottellumme und Tordalk sind in großen Zahlen vertreten, und der inzwischen seltene Rabe und die Alpendohle brüten ebenfalls entlang der Nordküste der Halbinsel. Die größte der Vogelkolonien befindet sich auf einer Landzunge mit dem unaussprechlichen Namen Bullanunaleana auf der Nordseite des Loop Head. Die senkrechten Klippen mit dem rechteckigen Felstor gehören zu den optischen Highlights und Markenzeichen des Loop Head. Ansammlungen von Guano haben die Klippen hier weiß gefärbt, und im Sommer ist das Geschnatter und Gezeter der brütenden Vögel ohrenbetäubend. Im Winter, den die meisten der Vögel auf dem offenen Atlantik verbringen, wird das Vogelkonzert vom Donnern der Atlantikwellen abgelöst.

Blumenliebhaber kommen ebenfalls auf ihre Kosten. Der Großteil der Halbinsel wird landwirtschaftlich genutzt und besteht aus Feldern und Viehweiden, auf der Spitze des Loop Head hat sich allerdings, mehr oder weniger, die ursprüngliche Heidelandschaft gehalten. Ab Mai findet man hier unter anderem Strandgrasnelken, Klippen-Leimkraut und die Early Marsh Orchid, eine selten gewordene Knabenkraut-Art. Im Juni blüht das Berg-Sandglöckchen, ab Juli ziehen die Strand-Aster und natürlich die Glocken- und Besenheide nach. Die Südseite der Halbinsel, besonders die eingangs erwähnte Poulnasherry Bay und die Rinevella Bay in der

▶ *Die Early Marsh Orchid (Dactylorhiza) ist mit zwei Unterarten am Loop Head vertreten.*

Nähe des Carrigaholt, eignen sich gut für eine Wildblumenentdeckungsreise. Neben den bereits erwähnten Arten findet man hier auch den Strandflieder, das Strand-Milchkraut, den Gelben Hornmohn und den Queller.

Kaum ein Ort in Irland eignet sich besser dazu, vom Land aus die großen Ozeanbewohner zu beobachten, als Loop Head. Zwergwale sind regelmäßige Besucher der dortigen Gewässer, und im Sommer sieht man mit etwas Glück sogar den einen oder anderen Orca oder Riesenhai. Die wahrscheinlichste Begegnung ist aber die mit einer Gruppe von Großen Tümmlern. Mehr als 100 dieser Tiere sind ständig sesshaft in der Mündung des Shannon und folgen den kommenden und gehenden Gezeiten auf der Suche nach Nahrung. Die Shannon Dolphin and Wildlife Foundation erforscht die Tiere seit Jahrzehnten und hat eine Art Familienalbum erstellt. Individuelle Tiere lassen sich anhand der Form und der Kratzer und Narben auf ihrer Rückenflosse identifizieren und Langzeitbeobachtungen haben gezeigt, dass der Großteil der Tiere die Mündung des Shannon nie verlässt. Eine genauere Untersuchung der Datenbank hat außerdem ergeben, dass die Großen Tümmler der Shannon-Mündung Linkshänder sind. Die rechte Seite der Rückenflossen zeigt deutlich mehr Kratzer und Narben. Da diese zum Großteil von anderen Delfinen verursacht werden, kann man davon ausgehen, dass die Tiere die linke Seite ihres Maules bevorzugt benutzen.

Es ist sehr wahrscheinlich, dass diese Gruppe von Großen Tümmlern seit vielen Jahrhunderten in der Shannon-Mündung heimisch ist. Eine alte Legende aus frühchristlichen Zeiten berichtet von einem Seeungeheuer, dem Cathaigh, das auf einer kleinen Insel in der Mündung hauste. Eine andere Geschichte handelt von dem Dorf Kilstiffin, das einst von einer großen Flut verschlungen wurde und nun vergessen am Grund der Shannon-Mündung liegt. Der Kapitän eines Fischerbootes, das gerade Anker geworfen hatte,

▼ *Eine Gruppe der Shannon Dolphins*

bekam den Schreck seines Lebens als plötzlich ein großer, grauer Kopf aus dem Wasser auftauchte und sich beschwerte, dass der Anker in seinem Kamin gelandet wäre. Sogar im Jahr 1922 soll das Ungeheuer noch aktiv gewesen sein: Der Kapitän eines Schoners gab an, eine Kreatur mit langem Hals und großem Buckel gesehen zu haben. Er räumte allerdings auch ein, dass es fast dunkel und sehr neblig war. Was alle diese Monster gemeinsam haben, ist, dass ihre Beschreibung sehr an Delfine erinnert.

Im Rahmen einer Bootstour kann man die Shannon Dolphins, wie sie von Einheimischen genannt werden, am eindrucksvollsten erleben. Zwischen März und Oktober finden regelmäßige Boottrips von Kilrush und Carrigaholt aus statt. Man trifft die Tiere meist in kleinen Gruppen von bis zu 20 Tieren, und mit etwas Glück sieht man auch Neugeborene und Jungtiere. Oft machen sich die Shannon Dolphins einen Spaß daraus, auf der Bugwelle des Bootes zu reiten, oder präsentieren andere akrobatische Darbietungen.

Während dieser Trips kann man außer den Großen Tümmlern auch die Klippen und Vögel des Loop Head hautnah erleben, und mit etwas Glück trifft man auch ein paar Gemeine Seehunde oder Kegelrobben und sieht die wilden Ziegen, die in den Klippen des Rehy Hill hausen.

Wer etwas mehr Zeit hat und einen Umweg nicht scheut, sollte noch ein wenig weiter die Shannon-Mündung entlang fahren. Von Kilrush aus kann man der Flussmündung über die R486 und R473 für etwa 50 Kilometer folgen. Entlang der Strecke gibt es zahlreiche Möglichkeiten, diese einmalige Landschaft zu erforschen, was besonders bei Ebbe äußerst interessant ist. Kleine Orte wie Labsheeda und Kildysart oder verlassene Häfen wie Knock und Inishmurrey Quay bieten die einfachsten Zugangspunkte. Der beeindruckendste Teil der Shannon-Mündung liegt nördlich des Ortes Kildysart. Der Fluss Fergus trifft hier mit seiner eigenen Mündung auf den Shannon und zusammen bilden die beiden ein weites Becken, das nur von einigen Inseln unterbrochen wird. Bei Ebbe entleert sich dieses Becken fast vollständig und legt endlose Flächen von Schlamm und Schlick frei, was natürlich viele Wattvögel anlockt. Am besten lässt sich dieses Schauspiel von Islandavanna Lower aus beobachten, einer Ortschaft südlich von Ballyalla.

HIGHLIGHTS

– Loop Head

- **LOOP HEAD** – Die Spitze der Halbinsel mit ihrem Leuchtturm eignet sich gut zur Vogel- und Wal-bzw. Delfinbeobachtung. Die beste Chance, um die Großen Tümmler und andere Wale zu sehen, hat man auf der Südseite der Landspitze. Die Vogelkolonie findet sich etwa einen Kilometer nordöstlich des Leuchtturms. Die Anreise erfolgt über die R487.
  Koordinaten Parkplatz: 52.561041 / -9.9300986

- **BRIDGE OF ROSS** – Die Bridge of Ross ist eine natürliche Felsbrücke, die sich über einen schmalen Kanal in der Felsküste spannt. Hier findet man außerdem einige der beeindruckendsten Felsformationen der Halbinsel. In der kleinen Bucht neben dem Parkplatz lässt sich bei Ebbe die Unterwasserwelt der Gezeitentümpel erforschen. Die Anreise erfolgt über die R487 und eine gut ausgeschilderte Nebenstraße.
  Koordinaten Parkplatz: 52.590074 / -9.8679853

- **DOLPHIN WATCH TOUREN** finden wetterabhängig von März bis Oktober statt. Ausgangspunkte der Touren sind die Ortschaften Kilrush (www.discoverdolphins.ie) und Carrigaholt (www.dolphinwatch.ie). Die Trips dauern jeweils etwa 2 Stunden. Die Anreise nach Kilrush erfolgt über die N67, nach Carrigaholt von Kilkee über die R487 und R488.
  Koordinaten Parkplatz:
  52.600031 / -9.7018967 (Carrigaholt)
  52.635268 / -9.4944202 (Kilrush)

▲ *Sonnenaufgang am kleinen Hafen von Kilbaha*

▸ **COAST ROAD** – Diese Küstenstraße führt von Kilkee aus für etwa 7 Kilometer entlang der Nordküste der Halbinsel und lässt sich sowohl per Auto als auch mit dem Fahrrad oder zu Fuß erkunden. Klippen, Felsnadeln und Inseln gestalten hier einen der dramatischsten Küstenabschnitte Irlands. Die Anreise erfolgt von Kilkee (West End), die Küstenstraße ist als Scenic Route ausgeschildert, kann aber leicht übersehen werden. Die besten Plätze zum Anhalten und Erforschen finden sich in der Nähe des Eingangs zu einem Steinbruch und am Castle Point (der fälschlicherweise vor Ort und auch auf vielen Karten als Kilkee Cliffs ausgeschildert ist).
Koordinaten Parkplatz:
52.655827 / -9.7203045 (Castle Point)

▸ **KILKEE** – Sowohl das Ost- als auch das Westende der Bucht lässt sich gut zu Fuß erforschen. Geboten werden dramatische Klippen und Ausblicke über die Küste sowie den Atlantik. Die Pollock Holes befinden sich am westlichen Ende der Bucht direkt neben dem Einstieg des hier sehr gut befestigten Küstenpfades. Wer im Anschluss an eine Klippenwanderung eine Stärkung zu sich nehmen möchte, der sollte das Diamond Rocks Cafe am Einstieg des Pfades besuchen. Die Anreise erfolgt über die N67.
Koordinaten Parkplatz:
52.682160 / -9.6643029 (West End)
52.677789 / -9.6508382 (Promenade)

REISEINFORMATIONEN

– Loop Head

ANREISE

Die Loop-Head-Halbinsel liegt westlich der N67 und wird von Kilkee aus über die R487 aus erreicht. Die R487 führt direkt an die Spitze der Halbinsel, die R488, die von der R487 abzweigt, führt nach Carrigaholt.

UNTERKUNFT UND VERPFLEGUNG

Unterkünfte auf der Halbinsel selbst sind begrenzt, eine größere Auswahl an Bed&Breakfast-Unterkünften und Hotels gibt es in Kilkee. Restaurants und Pubs gibt es in Carrigaholt und Kilbaha. Läden in Cross und Kilbaha bieten das Allernötigste an, kleine Supermärkte und eine große Auswahl an Restaurants, Cafés und Pubs findet man in Kilkee, große Supermärkte in Kilrush.

ANGEBOTE

- **Miet-Fahrräder und geführte Radtouren:**
  www.bogroadbiketours.com
- **Geführte Wanderungen:**
  www.thelongwayaround.ie
- **Bus- und Taxiservice:**
  www.aroundtheloop.ie

▲ *Wollgras in der Nähe des Castle Point an der Küstenstraße*

WANDERWEGE

Außer dem Cliff Walk in Kilkee, der am Café Diamond Rocks beginnt, gibt es keine ausgeschilderten Wanderwege auf der Loop-Head-Halbinsel. Am Loop Head selbst und an der Coast Road lässt es sich aber sehr gut am Klippenrand entlang wandern.

BESTE JAHRESZEIT

Mai und Juni

INTERNET

www.loophead.ie

▼ *Wanderer am Loop Head*

DER BURREN AND CLIFFS OF MOHER GEOPARK

◄ *Ein kleiner Wasserfall am Fuß der Klippen am östlichen Ende von Kilkee*

Die Cliffs of Moher zählen zu den bekanntesten und meistbesuchten Attraktionen Irlands. Die senkrechten Klippen erstrecken sich über eine Länge von fast 14 Kilometern zwischen den Orten Liscannor und Doolin und erreichen eine Höhe von über 200 Metern. Die Klippen werden von einer Vielzahl von Seevögeln als Nistplatz genutzt, unter anderem vom Tordalk, von der Trottellumme und vom Papageitaucher. Es wird geschätzt, dass sich jedes Jahr etwa 30.000 Brutpaare an den Cliffs of Moher niederlassen.

Das in den Sommermonaten regelmäßig überlaufene Besucherzentrum informiert über die Klippen und deren Flora und Fauna. Wer allerdings nur die Aussicht und Atmosphäre genießen möchte, sollte das Besucherzentrum meiden und die Cliffs of Moher entweder an ihrem südlichen Ende in der Nähe von Liscannor oder an ihrem Nordende zwischen dem Besucherzentrum und Doolin erforschen. Für Wanderer führt ein gut ausgebauter Klippenpfad von Doolin zu den Cliffs of Moher und im Sommer verkehrt ein Shuttlebus zwischen Doolin und dem Besucherzentrum.

Nur einige Kilometer nördlich der Cliffs of Moher liegt eine Landschaft, die man in Irland nicht unbedingt erwartet: der Burren.

Diese außergewöhnliche Gegend erstreckt sich über die Nordhälfte der Grafschaft Clare und einen kleinen Teil der südlichen Grafschaft Galway. Auf den ersten Blick wirkt der Burren grau und trostlos. Aus der Entfernung nimmt man terrassenförmige, zerklüftete Hügel wahr. Geht man etwas näher heran, erblickt man graue Steinplatten, durchzogen von tiefen Rissen und bedeckt mit Steinbrocken verschiedener Größe. Ist es trocken, präsentiert sich der Burren in einem hellen, im Sonnenlicht blendenden Grau. Wenn es geregnet hat, erscheint die Landschaft dunkelgrau, ja fast schwarz, mit einem bläulichen Schimmer, und an den so typisch irischen Nieselregentagen ist es manchmal schwierig zu unterscheiden, wo die graue Landschaft aufhört und wo der graue Himmel beginnt.

▲ *Wintersturm an der Küste in der Nähe von Doolin*

Der Name dieser Gegend, Burren, ist aus dem Irischen An Bhoireann abgeleitet, was soviel wie Steiniger Ort oder Großer Fels bedeutet, und der englische Politiker und General Edmund Ludlow beschrieb den Burren während eines Feldzuges im Jahr 1659 auf diese Weise:

> It is a country where there is not enough water to drown a man, wood enough to hang one, nor earth enough to bury him.
>
> General Edmund Ludlow

(„Es ist ein Landstrich, in dem es nicht genug Wasser gibt, um einen Mann zu ertränken, nicht genug Holz, um ihn zu hängen und nicht genug Erde, um ihn zu begraben.“)

▼ *Felder und Kalkstein-Karst im Norden des Burren*

Der Burren ist eine Kalkstein-Karst-Landschaft, deren Fundament vor etwa 350 Millionen Jahren gelegt wurde. Der Schauplatz der Grundsteinlegung war ein seichter, tropischer Ozean, der unter anderem von den Vorfahren unserer heutigen Schnecken, Muscheln und Korallen bewohnt wurde. Was all diese Tiere ge-

meinsam hatten, war eine Schale, deren Hauptbestandteile die Minerale Kalzit und Aragonit waren. Nach ihrem Ableben sanken die Tiere auf den Meeresboden, und während sich die Körper der Tiere in Wohlgefallen auflösten oder als Nahrung für andere Meeresbewohner dienten, häuften sich die Schalen der Tiere über einen Zeitraum von etwa 20 Millionen Jahren an, wurden komprimiert und präsentieren sich heute als Kalkstein. Zahlreiche Fossilien, die man überall im Burren, von der Küste bis zu den Bergspitzen, findet, erinnern an diese Zeit.

Im weiteren Verlauf der Erdgeschichte legten sich andere Gesteine wie Sandstein und Schiefer über den Kalkstein, der schließlich komplett unter diesen jüngeren Gesteinen verschwand. Diese findet man heute südlich des Burren, an den Cliffs of Moher oder auf der Halbinsel Loop Head.

Während der letzten Vergletscherung Irlands erstreckte sich einer der größten Gletscher über die Galway Bay, die heute die nördliche Grenze des Burren markiert, und die umliegenden Gebiete. Die Eismassen, die eine Dicke von einigen hundert Metern erreichten, schabten langsam aber sicher an den jüngeren Gesteinen und entfernten in dem Gebiet, das sich später zum Burren entwickeln sollte, diese Gesteine fast vollständig. Als die Gletscher schließlich schmolzen, enthüllten sie um die 250 Quadratkilometer reinen Kalkstein. Der Übergang von Kalkstein zu Sandstein lässt sich am besten südöstlich des Hafens von Doolin beobachten. Man sieht hier sehr deutlich den Kalkstein unter den Sandsteinklippen verschwinden.

Die karge Landschaft des Burren, wie wir sie heute sehen, wurde allerdings nicht allein von der Natur erschaffen. Der englische Kartograf und Autor Tim Robinson schrieb in einem seiner Bücher:

The Burren's austere beauty is due to millennia of abuse.

Tim Robinson

(„Die karge Schönheit des Burren ist eine Folge von Jahrtausenden von Missbrauch,“).

Nachdem sich die Gletscher zurückgezogen hatten, breiteten sich, wie auf dem Rest der irischen Insel, ausgedehnte Wälder aus. Die ersten menschlichen Bewohner erreichten den Burren vor etwa 9000 Jahren. Dabei handelte es sich um Jäger und Sammler, die vorwiegend an der Küste lebten und wenig Einfluss auf das Landschaftsbild hatten. Dies änderte sich allerdings mit der Ankunft der ersten Farmer vor etwa 6000 Jahren. Die Wälder mussten der Landwirtschaft weichen, Steinmauern zur Abgrenzung der Felder und dauerhafte Behausungen wurden erbaut und Grabstätten in prominenten Positionen errichtet. Diese Monumente finden sich heute überall im Burren und sind ein wesentlicher Bestandteil der Landschaft. Das bekannteste und eines der beeindruckendsten dieser Monumente ist der Poulnabrone-Dolmen, eine steinzeitliche Grabstätte inmitten des Burren-Plateaus. Während die ersten Burren-Farmer die Landschaft ihren Bedürfnissen anpassten, erfuhr auch

► *Sonnenuntergang am Poulnabrone Dolmen*

das Klima eine Veränderung; es wurde milder und feuchter. Regen und anderer Niederschlag wuschen die dünne Erdschicht weg und setzten die Arbeit an dem wasserlöslichen Kalkstein fort, welche die schmelzenden Gletscher begonnen hatten.

Die Wasserlöslichkeit des Kalksteins gilt als Hauptgrund für die ungewöhnliche Erscheinung des Burren und anderer Karstlandschaften. Das Wasser sucht sich Schwachstellen im Gestein und arbeitet sich an diesen Stellen in die Tiefe; mit der Zeit bilden sich ausgedehnte Höhlensysteme. Der Burren ist hier keine Ausnahme: Unter der grauen Oberfläche versteckt sich ein weitverzweigtes Höhlensystem, das bis heute nicht vollständig erforscht ist. Zwei Höhlen sind der Öffentlichkeit zugänglich: die Aillwee Cave in der Nähe der Ortschaft Ballyvaughan und Doolin Cave außerhalb von Doolin. In beiden Höhlen findet man Flussläufe und Wasserfälle und bekommt einen guten Eindruck von der unterirdischen Welt

des Burren. Die Hauptattraktion der Doolin Cave ist The Big Stalactite, mit einer Länge von über sieben Metern der größte freihängende Stalaktit Europas. Ein Braunbärenskelett, das in der Ailwee Cave gefunden wurde, ist mit einem Alter von über 10.000 Jahren datiert worden, was vermuten lässt, dass dieser Bär einer der ersten Bewohner des Burren war. Andere Höhlen haben sogar ihren Weg in die Literatur gefunden. J.R.R. Tolkien, Autor der Bücher „Der Herr der Ringe" und „Der kleine Hobbit", lehrte für einige Zeit an der Universität in Galway und besuchte in dieser Zeit den Burren regelmäßig. Es wird vermutet, dass die Landschaften und Charaktere in seinen Büchern von diesen Besuchen stark beeinflusst und inspiriert wurden. Als ein sehr offensichtliches Beispiel gilt eine Höhle unter Slieve Elva, die unter dem Namen „Poll na gColm"

bekannt ist. Ins Englische übertragen, wird daraus Poulnagollum, was frei übersetzt soviel wie „die Höhle des Gollum" bedeutet. Gollum ist einer der Hauptcharaktere in Tolkiens Romanen und lebte lange Zeit in einer Höhle.

Die Gesamtfläche des Burren lässt sich in drei Hauptgegenden unterteilen: Die Küste ist der am meisten besuchte Teil und die Klippen hier sind unter Kletterern sehr beliebt. Die Küstenstraße beginnt in Doolin und verläuft zunächst nördlich, vorbei an dem kleinen, langgestreckten Ort Fanore mit seinem goldenen Sandstrand und dem Caher River, dem einzigen Fluss des Burren, der sein gesamtes Dasein oberirdisch verbringt. Alle anderen Flüsse und Bäche des Burren verlaufen großteils unterirdisch. Von der Küstenstraße aus hat man auch einen guten Blick auf die drei Aran-Inseln, die geologisch gesehen ein Ausläufer des Burren im Atlantik sind. Am Black Head öffnet sich die Küste nach Osten. Die Straße folgt dem Küstenverlauf und führt nun in südöstliche Richtung entlang der Ballyvaughan Bay, einem Teil der größeren Galway Bay. In Ballyvaughan wendet sich die Straße nach Osten und folgt weiterhin der Küste, entlang kleiner Buchten und Landzungen, bis Kinvara an der Ostgrenze des Burren.

Etwas südlich von Kinvara beginnen die Burren Wetlands, welche die Ostgrenze des Burren markieren. Sie bezeichnen eine Reihe von Sumpfgebieten, Seen und Turloughs. Letztere sind eine Besonderheit des Burren und werden oft als Seasonal Lakes (von den Jahreszeiten abhängige Seen) beschrieben, was allerdings nur bedingt richtig ist. Turloughs sind mit dem Höhlensystem des Burren verbunden, meist durch eine oder mehrere kleine Öffnungen im Gestein. In Zeiten von hohem Niederschlag, meist im Winter, füllt sich das Höhlensystem mit Wasser und läuft

◄ *Der fast trockene Turlough im Nationalpark im Sommer*

schließlich über. So gelangt schließlich Wasser in den Turlough. In Trockenzeiten sinkt der Wasserspiegel wieder und der Turlough verschwindet vollständig. Einen dieser Turloughs findet man im Burren-Nationalpark, Irlands kleinstem Schutzgebiet, das sich in der Südost-Ecke des Burren, in der Nähe des Ortes Killnaboy befindet. Im Burren-Nationalpark findet man alle Lebensräume des Burren auf engstem Raum: offene Kalksteinflächen (Limestone Pavement), Haselwälder, Grasland und Blumenwiesen, Seen und Turloughs. Der Nationalpark lässt sich auf einigen gut ausgeschilderten und teilweise befestigten Wanderwegen erforschen.

Das Binnenland des Burren wird von den typisch terrassenförmigen Kalksteinbergen und kleinen, fruchtbaren Tälern dominiert und ist durchzogen von kleinen Straßen und Feldwegen. Hier findet man auch die Burren Uplands, eine Hochebene, die seit jeher für die Farmer des Burren von großer Bedeutung war. Während in den meisten Kulturen Nutztiere im Winter von den Hochweiden auf niedriger liegende Wiesen gebracht werden, war und ist dies im Burren genau umgekehrt. In einer Tradition, bekannt als Winterage, werden die Tiere im Herbst auf die Hochebenen des Burren gebracht. Der Kalkstein speichert Wärme und gibt diese im Winter nach und nach ab. In Kombination mit den grundsätzlich milden Temperaturen in Irland und den hohen Niederschlagsmengen im Winter bedeutet dies nachwachsendes, natürliches Futter für die Tiere. Und die Lage der Weiden in den Uplands bringt mit sich, dass die Herden vor überflutenden Weiden sicher sind.

Wie bereits erwähnt, ist der Burren keine Landschaft, die ausschließlich von der Natur geformt wurde. In den letzten Jahrzehnten hat sich herausgestellt, dass die Viehwirtschaft im Burren auch dazu beiträgt, seine Hauptattraktion, die einzigartige Flora, zu erhalten. Der Burren beherbergt eine Blumenwelt, die man in dieser kargen Landschaft nicht erwarten würde. Über 600 verschiedene Arten gedeihen hier, das sind 70 Prozent aller in Irland vorkommenden Blumenarten. Das wirklich Besondere an der Flora des Burren sind aber die Lebensräume, in denen viele Arten wachsen, und die Lebensgemeinschaften, die manche dieser Arten eingehen. Der Frühlingsenzian, eine Blume, die man normalerweise in alpinen Gegenden findet, wächst hier auf Meeresebene. Nur einige Schritte entfernt findet man das Große Knabenkraut, eine Orchidee, die normalerweise in mediterranen Klimaregionen zuhause ist.

► *Frühlingsenzian*

Im gleichen Lebensraum findet man außerdem die Weiße Silberwurz, eine arkto-alpine Art, die Echte Schlüsselblume und das Busch-Windröschen, die man beide in luftigen Wäldern oder auf Wiesen vermuten würde. Nirgendwo sonst auf der Welt findet man diese Arten Seite an Seite.

Eine besondere Augenweide sind die Orchideen des Burren. Insgesamt gedeihen hier 24 Orchideenarten, unter anderem die Bienen-Ragwurz, Fliegen-Ragwurz, Breitblättrige- und Rotbraune-Sendelwurz, Weiße Waldhyazinthe und einige Knabenkrautarten. Eine Besonderheit des Burren ist O'Kelly's Spotted Orchid, eine komplett weiße Unterart des Fuchs' Knabenkraut, die bisher nur im Burren gefunden wurde. Benannt ist die Blume nach dem Farmer, der sie zuerst entdeckte. Weitere Besonderheiten des Burren sind der Irish Saxifrage, eine Steinbrechart, und der Pyramidal Bugle, ein Verwandter des Günsel. Beide Blumen wachsen nur an wenigen Stellen an der Westküste des Burren und sind auf der Roten Liste bedrohter Arten zu finden.

In den Achtzigerjahren begann man die verbreitete Viehwirtschft im Burren einzuschränken, um die delikate Blumenwelt vermehrt zu schützen. Im Nationalpark wurden Nutztiere sogar ganz verboten. Wie sich allerdings herausstellte, hatte diese Maßnahme einen gegenteiligen Effekt: Gräser und Sträucher bekamen die Oberhand und verdrängten die kleineren Blütenpflanzen. Im Jahr 2010 wurde schließlich das Projekt Burren Life ins Leben gerufen. Ziel war und ist, die Farmer des Burren in umweltfreundlicher und traditioneller Landwirtschaft zu unterrichten und ein Gleichgewicht zwischen Landwirtschaft und Naturschutz zu erreichen. Das Projekt war ein Erfolg und die Rückbesinnung auf traditionelle Methoden der Landwirtschaft und Viehzucht, wie die erwähnte Winterage, brachte Vorteile sowohl für die Farmer des Burren als auch für die Pflanzen- und Tierwelt.

▶ *Feral Goats, Wilde Ziegen, auf Mullagh More*

Obwohl im Burren zuerst die Landschaft und die Blumenwelt ins Auge sticht, kann sich die Gegend auch mit einer interessanten Tierwelt rühmen. Der Burren ist eine der Hochburgen des Baummarders, auch wenn man diesen extrem selten zu Gesicht bekommt, und die Höhlen des Burren beherbergen eine Reihe von Fledermausarten, auf die man aber ebenfalls so gut wie nie trifft. Wahrscheinlicher ist es, einer Herde von Feral Goats, verwilderten Ziegen, über den Weg zu laufen. Diese ehemals domestizierten
Tiere halten die Haselsträucher und andere schnell wachsende Büsche im Zaum und tragen so, wie die Kühe, zur Erhaltung des Burren bei.

Der Burren ist ebenfalls sehr reich an Schmetterlingen und Nachtfaltern und der Nationalpark um Mullagh More gilt als der beste Ort in Irland, um Schmetterlinge und andere Falter zu entdecken. Tagpfauenauge, Admiral, Zitronenfalter und Blutbär sind nur einige der insgesamt 27 Arten, die hier erfasst wurden.

Weitere Tiere, die im Burren leben, sind die Bergeidechse, die sich oft auf dem warmen Kalkstein sonnt, die Blindschleiche und der Grasfrosch, den man vor allem in den Haselwäldern findet.

Um den Burren und seine einmalige Pflanzen- und Tierwelt zu erhalten, arbeiten heute Staat, Naturschutzgruppen und Farmer eng zusammen. Seit 2011 genießt der gesamte Burren zusammen mit den Cliffs of Moher UNESCO-Geopark-Status.

HIGHLIGHTS

– Der Burren and Cliffs of Moher Geopark

- **CLIFFS OF MOHER** – Da die Cliffs of Moher als eine der größten Touristenattraktionen Irlands gelten, trifft man hier, besonders im Sommer, auf regelrechte Menschenmassen. Um dem schlimmsten Trubel zu entgehen, kann man auch einfach das südliche Ende der Klippen am Hag's Head besuchen. Von hier führt ein Pfad entlang der Küste bis zum Besucherzentrum und von dort weiter bis nach Doolin.

  Um die Vogelkolonien zu sehen, ist das Besucherzentrum der beste Ort. Von Doolin aus werden auch Bootstouren zu den Klippen angeboten.

  `Koordinaten Parkplatz:`
  `52.943391 / -9.4545230 (Hag's Head)`
  `52.972513 / -9.4224979 (Besucherzentrum)`

- **BURREN NATIONAL PARK** – Der Burren-Nationalpark befindet sich in der südöstlichen Ecke des Burren in der Nähe der Orte Corofin und Kilnaboy. Im Zentrum des Nationalparks liegt der Berg Mullagh More, um den sich ein Netzwerk von gut ausgeschilderten Wanderwegen verschiedener Schwierigkeitsgrade erstreckt. In den Sommermonaten verkehrt ein Shuttlebus zwischen Corofin und dem Nationalpark.

  `Koordinaten Parkplatz: 52.996744 / -9.0374250`

- **LOUGH BUNNY** ist der größte See im östlichen Burren und liegt wenige Kilometer nördlich des Nationalparks. Neben einer grandiosen Aussicht bietet der See auch eine interessante Blu-

menwelt an seinem Ufer. Unter anderem wächst hier das Gemeine Fettkraut, eine fleischfressende Pflanze.
Koordinaten Parkplatz: 53.014097 / -8.9321313

▲ *Herbstlicher Sonnenuntergang im Burren-Nationalpark*

▶ **EAGLE'S ROCK** – auch bekannt als Keelhilla – war bis vor einigen Jahren ein alleinstehendes Naturreservat, gehört aber inzwischen zum Nationalpark. Neben Mullagh More ist dies der beste Platz im Burren, um die einmalige Blumenwelt zu erleben. Ein Pfad führt über eine weite Kalksteinfläche zum bewaldeten Fuß steiler Klippen, dem Eagle's Rock. In diesem Wald befinden sich die Überreste einer frühchristlichen Kirche; eine heilige Quelle und sogar der Kirchgarten lassen sich noch erkennen. Etwas oberhalb der Kirche findet man eine kleine Höhle, in der sich der Heilige Colman MacDuagh für sieben Jahre der Studie der Heiligen Schrift hingegeben hat. Glaubt man der Legende, waren seine einzige Gesellschaft eine Maus, eine Fliege und ein Hahn.
Koordinaten Parkplatz: 53.076367 / -8.9988647

▶ **RINE PENINSULA** ist eine Halbinsel außerhalb der Ortschaft Ballyvaughan. Sie ist kaum mehr als eine schmale Barriere aus Fels und Sand, bildet allerdings eine kleine Oase, die besonders von Wattvögeln und der hier überwinternden Ringelgans geschätzt wird. Außerdem sind die Ausblicke über die Ballyvaughan Bay einen Besuch wert.
Koordinaten Parkplatz: 53.132015 / -9.1906649

▸ **OUGHTMAMA VALLEY** ist ein verstecktes Tal im Herzen des Burren, das nur zu Fuß über einen Feldweg erreicht werden kann. Neben einigen der besten Ausblicke im Burren bietet dieses Tal die Überreste eines frühchristlichen Klosters, bestehend aus drei Kirchen, einer Mühle und Feldern.

`Koordinaten Parkplatz: 53.124100 / -9.0508252 (Anmerkung: Dies ist kein offizieller Parkplatz, bitte so parken, dass der Feldweg für Traktoren passierbar ist und Einfahrten nicht versperrt sind)`

▾ *Leamenagh Castle, das Geisterschloss des Burren, steht an der Kreuzung einer der historisch wichtigsten Routen durch den Burren.*

REISEINFORMATIONEN – Burren and Cliffs of Moher-Geopark

▸ **ANREISE:**

Aus nördlicher Richtung erreicht man den Burren über die N67 von Galway, aus Süden über die N85 von Ennis oder entlang der Küste über die N67.

Die Küstenstraße, die R477, verläuft von Doolin nach Ballyvaughan, wo sie auf die N67 trifft. Der Nationalpark wird von Corofin aus über die R476 erreicht und ist gut ausgeschildert. Die R480 verbindet die R476 im Süden mit der N67 im Norden und bietet einige der größten Attraktionen des Burren wie Leamenagh Castle, Caherconnell Stone Fort, den Poulnabrone-Dolmen und die Ailwee Cave.

▸ *Musiker in einem Pub in Irland*

UNTERKUNFT UND VERPFLEGUNG

Die Hauptorte des Burren sind Doolin, Lisdoonvarna, Ballyvaughan, Kinvara und Corofin. Alle bieten eine mehr oder wenige große Auswahl an Unterkünften, Restaurants und Supermärkten. Die am nächsten gelegene größere Stadt mit umfassenden Einkaufsmöglichkeiten ist Ennis.

ANGEBOTE

- **Geführte Wanderungen:**
  www.doolincliffwalk.com
  www.heartofburrenwalks.com
  www.burrenguidedwalks.com
  www.burrenwalks.com
- **Show Caves:**
  www.ailweecave.ie
  www.doolincave.ie
- **Besucherzentrum:**
  www.theburrencenter.ie

WANDERWEGE

Der Burren bietet eine Reihe von ausgeschilderten Wanderrouten verschiedener Schwierigkeitsgrade und Länge. Die wahrscheinlich besten Strecken finden sich im Nationalpark.

Informationen und Karten aller Wanderwege findet man hier: www.burren.ie/what-to-do/walking-routes/

BESTE JAHRESZEIT

Frühling, Sommer, Frühherbst.

INTERNET

www.burren.ie
www.burrennationalpark.ie
www.burrengeopark.ie
www.burrenbeo.com
www.cliffsofmoher.ie

CONNEMARA

▲ *Die Mündung des Flusses Culfin mit den Mweelrea Mountains im Hintergrund*

Connemara. Allein der Name lässt die Augen der meisten Irland-Fans leuchten. Connemara ist eine Kulturregion im Westen der Grafschaft Galway, die sich über etwa 2.000 Quadratkilometer erstreckt und ihren Namen von dem Volkstamm der Comacne erhielt, die hier einst sesshaft waren. Die Conmacne bevölkerten im frühen Mittelalter den gesamten Westen Irlands und die Sippe der Conmacne Mara – übersetzt: „Conmacne des Meeres“ – nannte das Gebiet des heutigen Connemara ihr Eigen. Die östliche Grenze Connemaras verläuft in etwa von Spiddal, einem kleinen Ort westlich der Stadt Galway, nach Oughterard und folgt von hier den Ufern des Lough Corrrib, Irlands zweitgrößtem See, und Lough Nafooey bis zur Ortschaft Leenaun. Im Westen bildet der Atlantik eine natürliche Grenze.

Connemaras ist einmalig, ungleich allen anderen Landschaften, die Irland zu bieten hat. Hier kann man die Einsamkeit der Westküste förmlich fühlen. Die Kombination aus weiten Deckenmooren, bedrohlich wirkenden Bergen und der salzigen Atlantikluft schafft ein einzigartiges Flair. Ein Inbegriff dieser rauen Landschaft ist das Connemara-Pony. Der Ursprung dieser Pferderasse ist nicht

genau bekannt. Manche Quellen geben von den Wikingern mitgebrachte skandinavische Ponys als die Wurzeln des Connemara-Ponys an, andere das „Irish Hobby", eine inzwischen ausgestorbene irische Pferderasse. Andere wiederum glauben, dass sich Andalusier, die mit der spanischen Flotte 1588 nach Irland kamen, mit einheimischen Tieren vermischten. Wie dem auch sei: Das Connemara Pony ist heute eines der beliebtesten Pferde Irlands und sowohl im Springreiten, Dressurreiten als auch im Vielseitigkeitsreiten einsetzbar und ein nicht wegzudenkender Teil Connemaras.

Connemaras Küste ist flach und zerklüftet, eine verwirrende Abfolge von kleinen Buchten und Meeresarmen, die sich oft über mehrere Kilometer ins Landesinnere erstrecken. Die Ebbe offenbart hier zweimal täglich weite Seetanglandschaften, die in verschiedenen Grün-, Gelb- und Brauntönen glänzen. Connemara, besonders die Südküste, weist 336 verschiedene Seetangarten auf, deutlich mehr als die gesamte Atlantikküste der Vereinigten Staaten. So ist es nicht verwunderlich, dass Seetang eine große Rolle im täglichen Leben und insbesondere in der Landwirtschaft spielte, vor allem in Anbetracht der kargen und unfruchtbaren Landschaft.

Die Felder, die überwiegend zum Kartoffelanbau benutzt wurden, entstanden in langer und harter Arbeit aus Seetang und Sand, die oft über viele Kilometer von der Küste ins Landesinnere geschleppt wurden. Die Glücklicheren hatten dafür einen Esel, die weniger Glücklichen mussten die schweren Binsenkörbe auf dem Rücken tragen.

Der Sand kam von den zahlreichen weißen Stränden Connemaras. Manche dieser Strände bestehen aus einem ungewöhnlichen Material und sind in der Gegend als Coral Beaches, Korallenstrände, bekannt. Der Name ist etwas irreführend, da die Strände nicht wirklich etwas mit Korallen zu tun haben. Die Coral Beaches bestehen aus den vom Atlantik glattgeschliffenen Überresten von Schneckentieren und Kalkalgen und sind deutlich grobkörniger, aber auch weicher als Sand. Die längsten der Coral Beaches liegen südlich von Clifden, der Hauptstadt Connemaras, entlang der Mannin Bay. Weiter westlich bestehen die meisten Strände, wie man es gewohnt ist, aus Sand. Diese wechseln sich mit Abschnitten flacher Felsküste und Klippen ab, die aber nur einen Bruchteil der Höhe der Steilklippen weiter südlich oder nördlich erreichen.

▼ *Coral Strand an der Mannin Bay*

▲ *Der Sandstrand in Ballyconneely*

Einige der schönsten Sandstrände Irlands befinden sich westlich der Ortschaft Ballyconneely entlang einer kleinen Halbinsel. An manchen Tagen, wenn der Sand fast weiß in der Sonne schimmert und das Wasser eine türkise Farbe annimmt, hat Connemara, wenn man von den Temperaturen absieht, einen fast tropischen Charakter.

Auf der Landseite dieser Strände findet man eine weitere Besonderheit der irischen Westküste: Machair. Diese besondere Form von Grasland existiert nur im Nordwesten Irlands und im Westen Schottlands. Der Begriff hat seinen Ursprung in der gälischen Sprache und bedeutet so viel wie „fruchtbare Ebene". Ein Grundbestandteil des Machair sind die Materialien der Coral Beaches, die hier die Erde mit Kalk versorgen, was wiederum eine besondere Familie von Pflanzen anlockt: Margeriten, Hornklee, Gelb-Labkraut, Weißklee und Spitzwegerich verwandeln das Machair jeden Sommer in ein Blumenmeer. Zu diesen Arten gesellen sich auch oft Pyramiden-Hundswurz und verschiedene Knabenkräuter.

Auch abseits der Machair-Wiesen ist Connemara einer der schönsten Plätze Irlands, um die Flora der Küste zu erforschen.

Eine der auffälligsten Blumen ist die Gemeine Grasnelke, die im Frühling ganze Küstenabschnitte in ein rosa Farbenparadies verwandelt. In der Nähe der Gemeinen Grasnelke findet man oft das Echte Löffelkraut, dessen kleine weiße Blüten erst bei genauem Hinsehen eine filigrane Schönheit offenbaren. Der englische Name dieser Pflanze, Scurvy Grass, deutet auf die Jahrhunderte lange Nutzung der Pflanze in der Schifffahrt hin. Echtes Löffelkraut war und ist sehr reich an Vitamin C und daher eine wirksame Vorbeugung gegen Skorbut und wurde eingesalzen fässerweise mit auf Seereisen mitgenommen. Eine ähnliche Nutzung erfuhr der Meerfenchel, der vorwiegend an felsigen Küstenabschnitten zu finden ist und auch heute noch als Zutat in Salaten benutzt wird. Kulinarisch nicht zu empfehlen ist die Stranddistel, die oft an Sandstränden, aber in vielen europäischen Ländern auch auf der Roten Liste für bedrohte Arten zu finden ist.

Südlich von Ballyconneely, ganz in der Nähe des Fischerortes Roundstone, liegen zwei kleine Buchten, die nur durch eine schmale Sandbank voneinander getrennt sind: Dog's Bay und Gorteen Bay. Diese Sandbank verbindet das Festland mit einer kleinen Insel und bildet, was in Fachkreisen als „Tombolo“ bekannt ist. Dieser besteht aus den Überresten von Foraminifera, einem mikroskopisch kleinen, mit der Amöbe verwandten Meeresbewohner, der eine filigrane Außenhaut aus Kalziumkarbonat besitzt. Diese Außenhaut sinkt nach dem Ableben der Tiere normalerweise auf den Meeresboden. Die Meeresströmungen an diesem Teil der Küste haben die Überrreste der Foraminifera allerdings aus dem tieferen Wasser zwischen Festland und Insel geschwemmt, wo sich diese über Jahrhunderte anhäuften und schließlich einen Tombolo und die angrenzenden Strände bildeten. Derartige Strände sind sehr selten und der einzige andere in Irland bekannte findet sich in Naran in der Grafschaft Donegal.

Dog's Bay und Gorteen Bay liegen am Fuß des Errisbeg Mountain. Der 300 Meter hohe Berg stellt die einizige nennenswerte Erhebung entlang Connemaras Küste dar. Hinter Errisbeg erstreckt sich eine einsame, von zahllosen Seen und Tümpeln bedeckte Moorlandschaft. Der Roundstone Bog-Komplex ist eines der am besten erhaltenen atlantischen Deckenmoore in Irland und besonders bekannt als Heimat einiger seltenen Heidearten, der Purpurheide und der Moorheide. Eine kleine Straße, bekannt als The Bog Road, führt direkt durch diese Moorlandschaft und war einst eine der Hauptrouten von Galway nach Clifden. Tagsüber kann man die Schönheit und Ruhe dieser besonderen Landschaft genießen. Sobald sich aber die Dämmerung über die Moorlandschaft senkt, ändert sich die Stimmung: Die Ruhe wirkt plötzlich bedrohlich,

▼ *Sonnenuntergang an der Gorteen Bay*

lange Schatten scheinen sich über die karge Landschaft zu bewegen und der Wind bringt Stimmen aus einer fernen Vergangenheit mit sich. Auf etwa halber Strecke entlang der Straße findet man einen alten, gekrümmten Weißdornbusch. Vor langer Zeit stand hier auch eine Herberge, das Halfway House, das von einem Geschwisterpaar geführt wurde. Die Legende besagt, dass dieses Pärchen seine Gäste zur Mitternacht ermordete und die Körper in den Tiefen der Moorseen entsorgte. Die Seelen der Ermordeten spuken auch heute noch in der Gegend und kaum ein Einheimischer besucht The Bog Road freiwillig nach Einbruch der Dunkelheit.

Nur wenige Kilometer nördlich des Roundstone Bog-Komplexes erhebt sich das Herz Connemaras, die 12 Bens und die Maumturk Mountains. Diese beiden Gebirgszüge bilden das Zentrum Connemaras und entstanden, als die Kontinente Laurentia und Avalonia miteinander kollidierten und so die beiden Hälften Irlands vor etwa 400 Millionen Jahren zusammenbrachte. Die Kräfte dieser Kollision errichteten nicht nur die Berge, sondern schufen auch die Gesteine, die diese Gebirge formen. Der hohe Druck und die damit einhergehenden hohen Temperaturen verwandelten Sandstein zu Quarzit und Kalkstein zu Marmor.

Die 12 Bens, was soviel wie „die 12 Berge“ bedeutet, bilden den westlichen der beiden Gebirgszüge und erheben sich bis zu einer Höhe von 729 Metern. Ein Teil der 12 Bens genießt heute unter dem Namen „Connemara-Nationalpark“ besonderen Schutz. Der Park wurde 1980 eröffnet und erstreckt sich über fast 3.000 Hektar. Der Großteil befindet sich im nur sehr schwer zugänglichen Zentrum der 12 Bens. Am Nordende des Nationalparks in der Nähe der Ortschaft Letterfrack bietet ein Besucherzentrum Einblick in die Bergwelt Connemaras und ein gut ausgebauter Pfad führt auf den Gipfel des 442 Meter hohen Diamond Hill, der atemberaubende Ausblicke über die 12 Bens und Connemaras Nordküste bietet.

▶ *Einer der zahlreichen Moorseen im Roundstone Bog*

Die Ostgrenze der 12 Bens bildet das Inagh Valley, ein breites, von Norden nach Süden verlaufendes Tal, das von zwei langgestreckten Seen, Lough Inagh und Derryclare Lough, dominiert wird. Wie überall in Irland ranken sich auch hier Legenden. In einer längst vergangenen Zeit herrschte ein grausamer Anführer des O'Flaherty-Clans über die Gegend. Dieser befahl seinen Soldaten, ein kleines Dorf, dessen Bewohner es gewagt hatten, sich ihm zu widersetzen, auszuradieren. Als seine Soldaten nicht zurückkehrten, ritt O'Flaherty selbst aus, um zu erkunden, was passiert war. Vor Ort erfuhr er, dass seine Männer die Dorfbewohner, die sich in ihre Kirche zurückgezogen hatten, verschont hatten. Voller Wut forderte O'Flaherty den Allmächtigen heraus, ihn auf der Stelle zu ertränken, sollte es ihm nicht gelingen, alle Dorfbewohner zu töten. Er hatte seine Rede kaum beendet, als der Fluss, neben dem er und seine Soldaten standen, anschwoll und ihn mitsamt seinen Männern ertränkte und gleichzeitig den Derryclare Lough schuf.

Am Ostufer des Derryclare Lough liegt ein kleines, nur sehr schwer zugängliches Naturreservat. Dieser kleine Eichenwald, einer der wenigen im Nordwesten Irlands, ist umgeben von einer kommerziellen Kiefernplantage, die sich Richtung Norden entlang dem Derryclare Lough und dem Lough Inagh erstreckt. Dieser Kiefernwald hat sich über die letzten 40 Jahre relativ gut in das Landschaftsbild eingefügt und dem Tal ein fast kanadisches Ambiente verliehen. Leider wurde der Wald in den letzten Jahren abgeholzt, was die Schönheit des Ausblicks heute etwas trübt. Die Straße, die durch das Inagh Valley führt, zählt zu den schönsten Routen Irlands. Die Moorlandschaft, die im Sommer sanft grün und im Winter in einem warmen Braun erscheint, bildet einen starken Kontrast zu den im Sonnenschein kalt glitzernden Gipfeln der 12 Bens auf der Westseite und der Maumturk Mountains auf der Ostseite des Tals.

◄ *Der Blick zu den 12 Bens im Inagh Valley*

Die Maumturk Mountains wirken etwas einladender als die 12 Bens und lassen sich über den Western Way auch leichter erforschen. Der Western Way ist eine Fernwanderroute, die sich über 200 Kilometer von Oughterard in der Grafschaft Galway bis Bunnyconnellan an der Grenze zwischen den Grafschaften Mayo und Sligo erstreckt. In den Maumturk Mountains windet sich der Western Way vom Maam Valley Richtung Westen in die Berge. Der Maumeen Pass, ein Sattel am südlichen Ende der Bergkette, verbindet das Maum Valley mit dem Inagh Valley und bietet nicht nur wunderbare Ausblicke, sondern ist auch historisch von großer Bedeutung. Es heißt, dass St. Patrick selbst hier stand und Connemara gesegnet hat. Es ist aber sehr wahrscheinlich, dass Maumeen bereits in vorchristlicher Zeit ein heiliger Ort und Ziel von Wallfahrten war. Heute stehen eine kleine Kapelle und eine Statue des Heiligen an der höchsten Stelle des Passes.

Nach einem steilen Abstieg erreicht der Western Way schließlich das Inagh Valley, führt Richtung Norden entlang am westlichen Fuß der Maumturk Mountains und erreicht nach etwa 30 Kilometern schließlich den kleinen Hafenort Leenaun.

Dieser Ort besteht nur aus wenigen Häusern und einigen Pubs, hat aber internationale Berühmtheit erlangt als Drehort des Films „The Field" mit Richard Harris, der wohl am ehesten für seine Rollen als Marcus Aurelius in „Gladiator" und als Dumbledore in den beiden ersten Harry Potter-Filmen bekannt ist. Im Zentrum der Geschichte stehen eines der erwähnten Felder, das über Jahre mühsam aus Sand und Seetang geschaffen wurde, und das geradezu innige Verhältnis des Pachtbauern zu diesem Land. Leenaun liegt am Ende einer langen Bucht, dem Killary Harbour, Irlands einzigem Fjord. Viele Jahre lang war unklar, ob Killary nun ein wirklicher Fjord oder einem solchen nur ähnlich ist. Eine umfangreiche Studie im Jahr 1986 hat aber letztlich ergeben, dass Killary alle charakteristischen Merkmale eines Fjordes aufweist. Er entstand als schmales Tal zum Ende der letzten Vergletscherung vor etwa 8000 Jahren, das, als der Meeresspiegel stieg, schließlich überflutet wurde. Heute erstreckt sich der Fjord über 16 Kilometer und erreicht eine Tiefe von über 40 Metern. Da der Fjord vor den Launen des offenen Atlantiks gut geschützt ist, kann man hier neben dem ansässigen Otter auch regelmäßig Große Tümmler, Kegelrobben und Gemeine Seehunde antreffen.

Die wahrscheinlich schönste Art, den Killary Harbour zu erkunden, ist die Famine Relief Road, die am Hafen von Rosroe beginnt. Famine Relief Roads wurden als Arbeitsbeschaffungsmaßnahmen während der Zeit der Großen Hungersnot ins Leben gerufen. Die meisten dieser Straßen machen keinen Sinn, viele beginnen und enden im Nirgendwo. Die Arbeit selbst machte noch viel weniger Sinn, da die bereits halb verhungerten Männer, Frauen und oft auch Kinder kaum in der Lage waren, die körperlich äußerst anstrengende Arbeit auszuführen. Diese Straßen wurden buchstäblich mit dem Blut der irischen Bevölkerung erbaut. Dies sollte man im Hinterkopf behalten, wenn man die wunderbare Aussicht über den Killary Harbour genießt.

Killary markiert sowohl die Nordgrenze Connemaras als auch die Grenze zu der Grafschaft Mayo. Östlich des Killary Harbour liegt ein kleiner Landstrich, der als Joyce's Country bekannt ist. Auf den ersten Blick unterscheidet sich diese Landschaft kaum von der Connemaras. Die Berge wirken hier allerdings etwas weniger bedrohlich und die Täler etwas lieblicher. Besonders im Herbst, wenn sich die Farben des Adlerfarn auf den Berghängen in ein warmes Braun und sanftes Gelb verwandeln und Morgennebel über dem Lough Nafooey wabert, ist dies einer der schönsten Plätze Irlands.

▼ Wintermorgen am Killary Harbour

HIGHLIGHTS

– Connemara

▸ **LETTERMORE UND GORUMNA ISLAND**
Diese durch Brücken mit dem Festland und miteinander verbundenen Inseln liegen im Süden Connemaras in der Galway Bay. Die Gegend ist wenig besucht und besticht durch eine karge, aber wunderschöne Landschaft und kleine Fischerhäfen.
Koordinaten Parkplatz:
53.288404 / -9.6564960 (Lettermore)

▸ **MAUM VALLEY UND INAGH VALLEY** – Diese beiden Täler liegen im Zentrum Connemaras und sind von den beiden großen Gebirgszügen der Gegend umgeben, den 12 Bens und Maumturk Mountains. Die Täler lassen sich zu Fuß über den Western Way und auch im Auto oder auf dem Fahrrad erkunden. Die R344 führt durch das Inagh Valley und die R336 durch Maum Valley.
Koordinaten Parkplatz:
53.517063 / -9.7375172 (Inagh Valley)
53.506195 / -9.6241767 (Maum Valley / Western Way Einstieg)

▸ **BALLYCONNEELY UND MANNIN BAY**
Sandstrände, Korallenstrände und Machair machen diese Ecke Connemaras zu einer der schönsten der Gegend.
Koordinaten Parkplatz:
53.441906 / -10.064017 (Mannin Bay)
53.417025 / -10.136997 (Ballyconneely Strand)

▶ **OMEY ISLAND** – Omey ist eine Insel im Westen Connemaras, die bei Ebbe über einen weiten Sandstrand zu Fuß oder mit dem Auto erreicht werden kann.
Koordinaten Parkplatz: 53.538860 / -10.144546

▲ *Derryclare Lough und die 12 Bens im Winter*

▶ **CONNEMARA NATIONAL PARK** – Der Großteil des Nationalparks ist für Besucher nicht zugänglich. Ein gut ausgebauter Wanderweg führt allerdings auf den Gipfel des 442 Meter hohen Diamond Hill, der atemberaubende Aussichten über Connemaras Küste und Bergwelt bietet.
Koordinaten Parkplatz: 53.550437 / -9.9456267

▶ **KYLEMORE ABBEY** ist eine der Hauptattraktionen Connemaras. Das ehemalige Herrenhaus ist heute ein Nonnenkloster und war von 1923 bis 2010 außerdem ein Mädcheninternat. Besonders sehenswert ist der Walled Garden, einer der schönsten Gärten Irlands.
www.kylemoreabbey.com
Koordinaten Parkplatz: 53.559360 / -9.8916415

▶ **KILLARY HARBOUR** – Irlands einziger Fjord liegt direkt an der N59. Für eine ausgiebigere Erkundung des Meeresarms empfiehlt sich aber eine Wanderung entlang der alten Famine Road, die in der Nähe von Rosroe beginnt.
Koordinaten Parkplatz: 53.619921 / -9.8592812 (Rossroe)

▸ **LOUGH NAFOOEY** – Der kleine, von Bergen umgebene See ist wegen seiner Lage und seinem langen Sandstrand unbedingt einen Abstecher Wert.
Koordinaten Parkplatz: 53.579046 / -9.5812149

REISEINFORMATIONEN – Connemara

▲ *Flannery Bridge an Connemaras Südküste*

▸ **ANREISE**
Die N59 von Galway City ist die Hauptroute nach und durch Connemara.

▸ **UNTERKUNFT UND VERPFLEGUNG**
Clifden ist die Hauptstadt der Gegend und bietet eine gute Auswahl an Unterkünften, Restaurants und Einkaufsmöglichkeiten. In der Hauptsaison empfiehlt es sich, frühzeitig eine Unterkunft zu buchen. Oughterard, Roundstone und Letterfrack sind kleinere Orte, doch auch hier gibt es einige Unterkünfte und Restaurants.

▸ **ANGEBOTE**

- **Geführte Wanderungen:**
  www.walkconnemara.com
  www.connemarahillwalking.com

- **Museum:**
  www.glengowlamines.ie
- **Connemara Pony Gestüt:**
  www.manorconnemaraponies.ie
- **Bootstouren:**
  www.letterfrackseasafari.com

WANDERWEGE

Connemara bietet gute Wandermöglichkeiten. Empfehlenswert ist vor allem der Western Way, ein Langstreckenwanderweg, der auch in Abschnitten bewältigt werden kann. Zu empfehlen ist der Pilgerweg, der das Maum Valley mit dem Inagh Valley verbindet, eine Wanderung um Omey Island oder eine Runde durch die Wälder des Ballynahinch Castle Hotels. Mehr Informationen gibt es hier: www.westernway.ie

BESTE JAHRESZEIT

Frühling, Spätsommer und Herbst.

INTERNET

www.connemara.net
www.loveconnemara.com
www.connemaranationalpark.com

▼ *Winter im Inagh Valley*

DIE GRAFSCHAFT MAYO

▲ *Der Blick über Clew Bay vom Westport Pier*

Mayo ist hinter Cork und Galway die flächenmäßig drittgrößte Grafschaft Irlands. Ihr Name geht auf den irischen Begriff „Maigh Eo“ zurück, was übersetzt „die Ebene der Eibenbäume“ bedeutet. Verlässt man Connemara und folgt der kleinen Straße entlang des Nordufers des Killary Harbour, ändert sich die Landschaft zunächst kaum. Auf der linken Seite befindet sich das Massiv der Mweelrea Mountains, zur Rechten ragen Ben Gorm, Ben Creggan und die Sheeffry Hills in den Himmel. Nach nur wenigen Kilometern erreicht man den Doolough Pass mit dem gleichnamigen See. Nun befindet man sich in einem Tal zwischen den Mweelrea Mountains und den Sheeffry Hills, über dem immer eine bedrohliche Wolke zu hängen scheint. Sogar bei strahlendem Sonnenschein wirkt der Doolough Pass etwas unheimlich, was bei der Geschichte dieses Tals nicht verwunderlich ist. Am 30. März 1849, in den Zeiten der Großen Hungersnot, wurden einige hundert schwache, hungrige und kranke Männer, Frauen und Kinder gezwungen, einen 20 Kilometer langen Fußmarsch von Louisburgh nach Delphi zu unternehmen. Für die meisten bestand in dieser Reise die einzige Hoffnung, Hilfe und Almosen von den Beamten der englischen Krone

zu erhalten, die in Delphi in einem vornehmen Jagdschloss abgestiegen waren. Wie immer im März war es kalt und windig, und regelmäßige Regen- und Hagelschauer erschwerten das Unterfangen noch weiter. Der Marsch durch die Dunkelheit – die Bittsteller wurden um sieben Uhr morgens in Delphi erwartet – forderte zahlreiche Todesopfer. Offiziell wurden sieben Männer, Frauen und Kinder am Ufer des Sees gefunden und neun weitere gelten bis heute als vermisst. Mündlich überlieferte Geschichten geben allerdings eine weitaus höhere Zahl von Opfern an. Begebenheiten wie diese wiederholten sich unzählige Male zwischen 1845 bis 1849, einem Zeitraum, der als die „Große Hungersnot", „The Great Famine", in die irische Geschichte eingehen sollte. Die Kartoffel war in dieser Zeit das Hauptnahrungsmittel der irischen Landbevölkerung. Die Braunfäule, eine Pilzerkrankung, vernichtete in fünf aufeinanderfolgenden Jahren einen Großteil der Kartoffelernte und die englische Besatzungsmacht war nicht in der Lage, willentlich oder unwillentlich, die Bevölkerung mit anderen Nahrungsmitteln zu versorgen. Das Ergebnis: rund neun Millionen Todesopfer, die entweder Hunger oder Krankheit zum Opfer fielen, und eine weitere Million, die Irland in Richtung Amerika, Australien oder England verließ.

Am südlichen Ende des Doolough Passes zweigt ein kleines Seitental Richtung Osten ab und folgt dem kleinen Glenummera River, der von den Flanken der Sheeffry Hills und des Ben Gorm überschattet wird. Am Ende des Tals liegt der Tawnyard Lough. Hier öffnet sich die Landschaft und erlaubt wunderbare Ausblicke auf die Berge von Maumtrasna und Devilsmother im Joyce Country. Der irische Name für Devilsmother lautet „Magairlí an Deamhain", was im Englischen „The Devil's Testicles" und im Deutschen „des Teufels Hoden" bedeutet. Man vermutet, dass ein beschämter Kartograf und Übersetzer einst beschloss, den Namen des Berges etwas beschönigend vom Irischen ins Englische zu übersetzen und kurzerhand aus den Hoden eine Mutter machte.

Lässt man den südlichen Teil der Grafschaft Mayo hinter sich, erreicht man schließlich die Clew Bay, eine weite Meeresbucht mit einer interessanten Geschichte, und Westport, eine der schönsten Städte Irlands und laut zahlreichen Umfragen die Stadt mit der höchsten Lebensqualität im Land. Das Wahrzeichen der Clew Bay sind zahlreiche kleine Inseln, die den östlichen Teil der Bucht bedecken. Der Legende nach gibt es eine Insel für jeden Tag des Jahres. Zählt man die Inseln, findet man aber nur 117. Diese Inseln sind eine Hinterlassenschaft des Gletschers, der die Bucht einst bedeckte. Geologisch gesehen sind diese Inseln sogenannte Drumlins, was sich vom irischen „droimnín" ableitet und soviel wie „kleiner Rücken" bedeutet. Drumlins sind längliche, tropfenförmige Hügel, die aus vom Gletscher transportierten

Ablagerungen, zum Großteil Sand und kleinere Steine, bestehen. Die kurze Seite der Drumlins deutet immer in die ehemalige Flussrichtung des Gletschers. In der Clew Bay überflutete der Atlantik schließlich die meisten Drumlins und nur die größten Hügel überlebten als Inseln.

Den besten Blick auf diese Inselwelt hat man vom Gipfel des Crough Patrick, Irlands heiligem Berg, der über die Südküste der Clew Bay wacht und als Wahrzeichen der Gegend gilt. Der kegelförmige Berg erreicht eine Höhe von 764 Metern und ist Teil einer kleinen Bergkette, die sich parallel zur Bucht erstreckt. St. Patrick, Irlands Nationalheiliger, verbrachte 40 Tage und Nächte auf dem Gipfel des Berges, betete, fastete und rang mit schlangengleichen

▼ *Der Blick über Clew Bay und ihre Inseln*

Dämonen, die er schließlich, zusammen mit allen anderen Schlangen, aus Irland verbannte. Klippen an der Ostflanke des Berges erinnern an diese Schlacht: Lug na ndeamhan, (auf Englisch: Lugnademon), die Höhle der Dämonen. Tatsächlich gibt es in Irland keine Schlangen und außer der einheimischen Waldeidechse und der eingeführten Blindschleiche keine weiteren Landreptilien. Nachdem St. Patricks Geschichte die Runde gemacht hatte, wurde Crough Patrick schließlich zu Irlands heiligem Berg und zum Schauplatz einer jährlichen Pilgerfahrt, die immer am letzten Sonntag im Juli stattfindet. Tausende Pilger besteigen den Berg an diesem Tag, manche bereits vor dem ersten Morgenlicht, manche barfuß, und jedes Jahr wird eine mehr oder weniger hohe Anzahl von verstauchten oder gebrochenen Gliedmaßen verzeichnet. Crough Patrick ist kein leicht zu nehmender Berg. Der erste Abschnitt des Anstiegs verläuft noch einigermaßen behaglich über einen gut ausgetretenen Pfad. Der zweite Abschnitt bringt den Bergsteiger auf ein steiles Geröllfeld, das bei trockenem Wetter schwer genug zu bewältigen ist und sich bei Regen und Nebel in einen rutschigen Alptraum verwandelt. Erreicht man schließlich den Gipfel, vergisst man aber sehr schnell alle Mühen und wird – gutes Wetter vorausgesetzt – von einem Blick belohnt, der seinesgleichen sucht und unter anderem das glitzernde Wasser der Clew Bay, die Berge der Nephin Beg Range und dahinter die weiten Plains of Mayo einschließt.

Die weite Ebene der Plains of Mayo gehört zu den einsamsten und trostlosesten Landschaften Irlands. Von der Küste bis in die Berge des Nephin Beg erstreckt sich ein scheinbar endloses und auf den ersten Blick nichtssagendes Meer aus Gräsern, grün im Sommer, braun im Winter. Hier liegt der erst 1998 gegründete Ballycroy-Nationalpark, in dem eine der faszinierendsten Deckenmoorlandschaften des Landes beheimatet ist. Das atlantische Deckenmoor der irischen Westküste entstand bereits kurz nach dem Ende der letzten Vergletscherung vor etwa 9000 Jahren, allerdings beschränkten sich die Moore zunächst auf wenige schlecht entwässerte Orte. Erst im Zuge des Wandels hin zu dem heute typischen nassen und milden Atlantikklima breiteten sich die Deckenmoore rapide aus. Deckenmoore entstehen in Gegenden mit sehr hohem Niederschlag. Um die 1250 Millimeter jährlicher Niederschlag, der über etwa 250 Tage verteilt fällt, sind notwendig, damit sich De-

▸ *Herbstliches Deckenmoor im Ballycroy-Nationalpark*

ckenmoore bilden und erhalten. In dem extrem mit Wasser gesättigten Boden zerfallen Pflanzen nur zum Teil und bilden schließlich eine feste, braune Substanz: Torf. Dieser bildet dann die Grundlage für die nächste Pflanzengeneration. Der genannte Prozess wiederholte sich in den vergangenen Jahrtausenden mehrmals, und heute erreichen die atlantischen Deckenmoore eine Tiefe von bis zu 7 Metern.

Die vorherrschenden Pflanzen sind Pfeifengräser und die Moorbinse. Diese färben die Moore in ein dunkles, von Chlorophyll gesättigtes Grün im Sommer und warme Brauntöne im Winter. An den nassesten Stellen dominiert das Torfmoos, welches hier oft kleine, kissenartige Hügel formt. Diese kleine Pflanze dient als Grundbaustein der Moore und kann eine enorme Menge an Wasser speichern, aber auch länger andauernde Trockenzeiten überleben. Der Unterschied zwischen trockenem und gesättigtem Torfmoos ist signifikant: In Zeiten mit wenig Niederschlag schrumpft das Torfmoos, verliert jegliche Farbe und bildet eine undefinierte, braun-weiße, spröde Masse. Nach nur wenigen Tagen Regen allerdings strecken sich die kleinen Stämme und Äste der individuellen Pflanzen und erstrahlen in Grün-, Gelb- und Rottönen. Die auffälligste Pflanze in den Deckenmooren ist allerdings das Wollgras. Im Frühsommer sind weite Flächen des Moors von flauschig weißen, sich im Wind wiegenden Büscheln bedeckt. Im Ballycroy-Nationalpark wachsen sowohl das Schmalblättrige als auch

das Scheiden-Wollgras. Eine weitere, wenn auch weniger ins Auge stechende Blume der Deckenmoore ist die Ährenlilie, die etwas später blüht als das Wollgras. Die bildschönen, gelben Blumen treten meist in großen Gruppen auf.

Etwa zur selben Zeit wie die Ährenlilie blüht die vermutlich schönste Blume der Deckenmoor-Flora: der Bitterklee. Die filigranen Blüten dieser Blume findet man am ehesten am Rand von Tümpeln und anderen stehenden Gewässern. Als Besonderheit des Ballycroy-Nationalparks gilt das Efeu-Moorglöckchen. Diese zur Glockenblumen-Familie gehörende Pflanze blüht im Juli und August, und abgesehen von den Beständen im Nationalpark wächst diese Blume in Irland nur noch in der Grafschaft Waterford im Süden des Landes. Ebenso selten ist der Moor-Steinbrech, dessen unverwechselbare gelbe Blüten in kleinen Gruppen auftreten. Alle Bestände dieser nicht nur in Irland vom Aussterben bedrohten Art finden sich in der Grafschaft Mayo, die meisten davon im Ballycroy-Nationalpark.

Im Spätsommer färbt sich die Landschaft für wenige Wochen lila. Dann nämlich blühen Glockenheide, Moorheide und Besenheide. Diese drei Heidearten besiedeln die trockeneren Gebiete der Deckenmoore und sind der bevorzugte Lebensraum für das Moorschneehuhn. Der irische Name dieses Vogels, Cearc Fhraoigh (Huhn der Heide) deutet auf den engen Bund zwischen Tier und Pflanze hin. Zu sehen bekommt man das Moorschneehuhn

kaum, da sich die Tiere meist im Schutz der Heide versteckt halten. Sehr viel wahrscheinlicher ist es, auf die beiden großen Jäger des Nationalparks zu treffen: den Merlin und den Wanderfalken. Beide Greifvögel jagen in den Weiten der Deckenmoore, brüten aber in den angrenzenden Bergen des Nephin Beg: der Merlin in den Wäldern am Fuß der Berge, der Wanderfalke bevorzugt an den Klippen entlang der Bergseen.

In den kommenden Jahrzehnten sollen die Berge des Nephin Beg und der Ballycroy-Nationalpark unter dem Namen „Wild Nephin Ballycroy National Park" Irlands erste Wilderness Area bilden. Das Ziel besteht darin, die gesamte Gegend in ihren ursprünglichen Zustand zurück zu versetzen und der Natur und ihren Bewohnern zu übergeben. Wie das praktisch bewerkstelligt werden soll, ist allerdings noch weitgehend unklar.

Wendet man der Deckenmoorlandschaft den Rücken zu und folgt seiner Nase Richtung Westen, erreicht man nach einigen Kilometern einen der bekanntesten und schönsten Außenposten Irlands: Achill Island. Die größte der irischen Inseln ist mit dem Festland durch eine Brücke verbunden. Literaturnobelpreisträger Heinrich Böll, der in den Nachkriegsjahren einige Zeit in Irland verbrachte, nutzte ein altes Cottage auf Achill Island als Basis für seine Exkursionen. Böll brachte die Erfahrungen aus dieser Zeit indes auch zu Papier und publizierte das Werk unter dem Titel „Irisches Tagebuch". Dieses wird unter deutschen Irland-Reisenden noch immer als die Kultlektüre schlechthin angesehen. Die Gegenerklärung zu

▲ *Der Blick zur Nephin Beg Range im Ballycroy-Nationalpark*

◄ *Bitterklee im Ballycroy-Nationalpark*

Beginn des Buches – „Es gibt dieses Irland: Wer aber hinfährt und es nicht findet, hat keine Ersatzansprüche an den Autor“ – gilt auch für dieses Buch.

Achill Island ist so etwas wie ein Miniatur-Irland. Auf relativ kleinem Raum findet der Besucher so ziemlich alles, was man von Irland erwartet: weiße Sandstrände, dramatische Klippen, eindrucksvolle Berge und klare Seen, dazu eine wunderbar ruhige Inselatmosphäre.

Bekanntheit erlangte Achill Island in den vergangenen Jahren vor allem durch das merkwürdige Wunder von Dooagh: Der kleine Küstenabschnitt an der Südküste der Insel zeigte wiederholt die Unberechenbarkeit und Kraft des Atlantiks. Die kleine Bucht war einst bekannt für einen der schönsten Sandstrände auf Achill Island. Während eines Sturms im Jahr 1984 verschwand die weite Sandfläche allerdings, und alles, was blieb, war blanker Fels und Geröll. An einem Morgen im Frühjahr 2017, nachdem wieder einmal ein Sturm über die Insel gewütet hatte, erlebten die Bewohner von Dooagh eine unerwartete Überraschung: Der Sandstrand war über Nacht zurückgekehrt! Doch die Freude sollte nur von kurzer Dauer sein: Eine Reihe von Stürmen im Winter 2018/19 ließ die sandige Schönheit wieder verschwinden.

Die melancholische Atmosphäre setzt sich nördlich von Achill Island fort. Erris Head, Broad Haven, Benwee Head und Downpatrick Head bilden die Nordküste der Grafschaft Mayo und gehören zu den einsamsten, aber auch eindrucksvollsten Gegenden Irlands. Die weiten Deckenmoore finden hier ein jähes Ende am Rande von Steilklippen, die mehr als 300 Meter aus dem Atlantik ragen. Felsnadeln wie Dun Briste am Downpatrick Head und kleine, felsige Inseln wie die Stacks of Broadhaven vervollständigen einen der wildesten Abschnitte der irischen Küste.

In der Nähe des Downpatrick Head liegen die Céide Fields. Dieses aus der Steinzeit datierende Netzwerk von Feldern, das über Tausende von Jahren unter den weiten Deckenmooren verborgen gewesen war, wurde Anfang des 20. Jahrhunderts durch Zufall von einem einheimischen Lehrer entdeckt, als dieser seinen jährlichen Vorrat an Torf stach. Die folgenden Ausgrabungen legten einen einmaligen Blick in die Geschichte Irlands frei. Überreste von Häusern, Begräbnisstätten und Steinmauern zur Begrenzung der Felder erstrecken sich über ein weites Gebiet entlang der Küste.

Pollenanalysen haben ergeben, dass sich die steinzeitlichen Farmer hier vor etwa 5000 Jahren niedergelassen hatten. Die damals vorherrschenden Kiefernwälder mussten den Neuankömmlingen weichen, damit Ackerland geschaffen werden konnte. Die Bäume wurden außerdem als Bau- und Brennmaterial benutzt. Was folgte, ist eine Geschichte, die sich vermutlich überall in Irland auf ähnliche Weise wiederholt hat. Am Anfang erlaubte das milde und feuchte Klima fast das gesamte Jahr über erfolgreichen Ackerbau und Viehzucht. Der hohe Niederschlag und das nun fehlende Baumkronendach brachten allerdings ein Problem mit sich: Ein ununterbrochenes Kronendach hält einen Großteil des Niederschlags auf, das Wasser wird entweder absorbiert oder verdunstet, bevor es den Waldboden erreichen kann. Fehlt das Kronendach, fällt alles Wasser auf den Boden, zuerst werden Nährstoffe und später der Boden selbst weggeschwemmt. Es wird vermutet, dass die damaligen Bewohner einige sehr gute Jahre hier verbrachten, aber letztlich gezwungen waren, ihr Heim mehr oder weniger plötzlich aufzugeben, als der Boden nicht mehr in der Lage war, die Gemeinschaft zu versorgen. Danach übernahmen die Deckenmoore die Herrschaft und die Céide Fields verschwanden aus der Erinnerung.

▼ *Pollock Harbour auf Achill Island*

HIGHLIGHTS

– Die Grafschaft Mayo

▶ **DOOLOUGH** liegt direkt an der R335 und zählt zu den schönsten, aber auch bedrückendsten Landschaften Irlands. Bei einem kurzen Querfeldeinmarsch abseits der Straße bieten sich Besuchern die schönsten Ausblicke.
Koordinaten Parkplatz: 53.664913 / -9.7780075

▶ **TOURMAKEADY** – Inmitten dieser kleinen Ortschaft am Lough Mask liegt ein kleines Waldgebiet mit einem leicht zu bewältigenden Wanderweg, der zu einem Wasserfall und einem kleinen Teich führt.
Koordinaten Parkplatz: 53.652721 / -9.3757033

▶ **CROUGH PATRICK** – Irlands heiliger Berg ist auch für wenig erfahrene Bergsteiger geeignet. Der Gipfel bietet neben einer Kapelle weite Ausblicke über die Grafschaft Mayo.

Bei Nebel und Regen ist der Aufstieg nicht zu empfehlen. Die zweite Hälfte des Anstiegs besteht aus einem Geröllfeld, das in nassem Zustand nur sehr schwer zu navigieren ist.
Koordinaten Parkplatz: 53.779359 / -9.6399659

▶ **BALLYCROY NATIONAL PARK** – Der Ballycroy National Park bietet sowohl eine Reihe von Wanderwegen verschiedener Länge und Schwierigkeitsgrade als auch Möglichkeiten, die Flora und Fauna des atlantischen Deckenmoores zu erforschen.
Koordinaten Parkplatz:
54.025146 / -9.8250735 (Visitor Centre)

▲ *Nebel am Lough Cullin*

▸ **ACHILL ISLAND** – Irlands größte Insel sucht landschaftlich seinesgleichen und ist durch eine Brücke mit dem Festland verbunden. Die schönsten Ecken der Insel kann man zu Fuß erforschen. Besonders zu empfehlen sind der westliche Teil der Insel mit Keem Beach und Croaghaun Mountain, Slievemore Mountain mit seinem deserted village (die Ruinen einer verlassenen Siedlung). Für die Abenteuerlustigen, die eine längere Bergwanderung nicht scheuen, bietet sich die Annagh Bay an.
Koordinaten Parkplatz:
53.932511 / -9.9230551 (Achill Sound)

▸ **BROADHAVEN** – Broadhaven Bay markiert Mayos Nordwest-Ausläufer und ist die einsamste Gegend der Grafschaft. Wanderwege am Erris Head, der Nordspitze der Mullet-Halbinsel, und am Benwee Head führen entlang dramatischer Klippenszenerien.
Koordinaten Parkplatz:
54.288586 / -9.9885197 (Erris Head)
54.323665 / -9.8406013 (Benwee Head)

▸ **DOWNPATRICK HEAD / CEIDE FIELDS**

Downpatrick Head ist eine Landspitze an der Nordküste der Grafschaft, bekannt für Dun Briste, eine 45 Meter hohe Felsnadel, und Pul Na Sean Tinne, ein Blowhole, eine Art Einsturzschlund mit Verbindung zum Meer.

Die Ceide Fields liegen nur wenige Kilometer südwestlich von Downpatrick Head.
Koordinaten Parkplatz:
54.322886 / -9.3458375 (Downpatrick Head)
54.308170 / -9.4565512 (Ceide Fields)

REISEINFORMATIONEN

– Die Grafschaft Mayo

ANREISE

Aus südwestlicher Richtung (Connemara) erreicht man die Grafschaft über die N59, die auch die Hauptroute durch den westlichen Teil Mayos darstellt. Von Süden und Südosten aus wählt man am besten die N84 und N17/N60.

UNTERKUNFT UND VERPFLEGUNG

Westport und Castlebar sind die größten Städte im Südwesten der Grafschaft und warten mit einem weiten Angebot an Unterkünften, Einkaufsmöglichkeiten und Restaurants auf. Das Gleiche gilt für Ballina im Norden. Keel und Achill Sound sind die größten Siedlungen auf Achill Island. Hier befinden sich zahlreiche Unterkünfte und Restaurants, die Einkaufsmöglichkeiten sind allerdings etwas beschränkt.

ANGEBOTE

- **Fahrrad- und Wandertouren:**
  www.greenway.ie
- **Geführte Wanderungen:**
  www.thelostvalley.ie
- **Museum:**
  www.museumsofmayo.com

WANDERWEGE

Die Grafschaft Mayo bietet eine Reihe von guten Wanderungen verschiedener Länge und Schwierigkeitsgrade. Besonders zu empfehlen sind Crough Patrick und die Küstenwanderungen am Erris Head und Benwee Head.
www.thewesternway.ie
www.mayowalks.ie

▲ *Die Klippen des Benwee Head*

BESTE JAHRESZEIT

Frühling, Spätsommer und Herbst.

INTERNET

www.mayo-ireland.ie
www.achilltourism.com
www.destinationwestport.com
www.ballycroynationalpark.ie

▼ *Doolough Valley im Spätsommer*

DIE GRAFSCHAFTEN SLIGO, LEITRIM UND DONEGAL

▲ *Die Felsküste am Malin Head*

Verlässt man die Grafschaft Mayo in Richtung Norden, ändert sich die Landschaft schlagartig und unerwartet. Vergessen sind die kargen, weiten Deckenmoore, stattdessen präsentieren sich in typisch irischer Manier grüne Wiesen und Felder, während dahinter eine Reihe von ungewöhnlich geformten Bergen in den Himmel ragt. Dies sind die Grafschaften Sligo und Leitrim, eine Ansammlung von fruchtbaren Tälern und imposanten Tafelbergen. Der bekannteste dieser Berge ist Ben Bulben, dessen unverkennbare Form die Landschaft dominiert. Ben Bulben bildet zusammen mit dem Kings Mountain, Truskmore, Benwiskin und Tievebaun das Zentrum der Dartry Mountains, wobei Truskmore mit 647 Metern den höchsten Punkt des Gebirges darstellt. Das Plateau der Dartry Mountains ist nicht ganz einfach zu erreichen, bietet dem Pflanzenfreund aber einige Überraschungen. Die Temperaturen sind hier ganzjährig deutlich niedriger als in den Tälern, was trotz der moderaten Höhe ein nahezu alpines Klima schafft. Das hat zur Folge, dass man hier Pflanzen findet, die nirgendwo sonst in Irland gedeihen, wie die Alpen-Wiesenraute und das Kalk-Sandkraut. Die Berge selbst bestehen aus wasserlöslichem Kalkstein, der auf

einem robusteren Schieferbett liegt. Während der letzten Kälteperiode schnitten Gletscher tiefe Furchen in den Kalkstein und schufen so die Täler, die als die Glens of Leitrim bekannt sind: Glencar, Glenfarne, Glenaniff, Glenboy, Glenkeel, Gleniff and Glenade. Das bekannteste der sieben Täler ist Glencar mit seinem gleichnamigen See und Wasserfall. Letzterer war eine der Inspirationen für die Werke des Poeten und Nobelpreisträgers W. B. Yeats. Dieser wuchs in Dublin auf, verbrachte aber die Ferien in seiner Kindheit regelmäßig in der Grafschaft Sligo. Die Landschaft und die irische Mythologie waren die Haupteinflüsse für seine frühen Werke wie „The Stolen Child“ und „The Lake Isle of Inishfree“. Obwohl er einen guten Teil seines Lebens außerhalb Irlands verbrachte, blieb die Grafschaft Sligo für W. B. Yeats „The Land of Heart's Desire“. Hier, genauer gesagt in der kleinen Ortschaft Drumcliff, liegt er begraben, im Schatten von Ben Bulben.

Südwestlich des Hauptmassivs liegt ein weiterer, kleiner Tafelberg auf der Spitze einer kleinen Halbinsel zwischen Ballysadare Bay und Sligo Harbour. Knockarea bietet nicht nur einmalige Ausblicke über Sligos Küste und Berge, sondern ist auch die Begräbnisstätte einer der großen irischen Sagengestalten: Queen Maeve (auch bekannt unter dem Namen Meabh), Königin der Provinz Connaught. Als Begräbnisstätte dient ein 55 Meter hoher Steinhaufen (Cairn), einer der größten in Irland und Teil einer Reihe von steinzeitlichen Monumenten auf der Halbinsel. Bisher wurden keine Ausgrabungen auf Knockarea vorgenommen und wer hier wirklich begraben liegt, bleibt ein Geheimnis.

Folgt man der von weißen Sandstränden und den Dartry Mountains gesäumten Straße von Drumcliff aus nach Norden, erreicht man schließlich Donegal, für viele die schönste Grafschaft Irlands. Vogelfreunde sollten allerdings vorher noch einen kleinen Abstecher an die Küste machen. Das Ballygilgan-Naturreservat, auch als Goosefield (Gänsefeld) bekannt, wird im Sommer als normale Viehweide genutzt, während sich zwischen Oktober und April bis zu 3000 Nonnengänse in dem Gebiet niederlassen. Die Vögel überwintern seit Jahrhunderten an der Küste der Grafschaft Sligo, die moderne Landwirtschaft hat sie jedoch mehr und mehr aus ihrem Lebensraum verdrängt, sodass die Zahl der Gänse um 1970 zwischenzeitlich auf nur noch 250 gesunken war. Um den Vögeln einen sicheren Futterplatz abseits von Kühen und Schafen zu bieten, wurde 1986 das Goosefield ins Leben gerufen,.

„Up here it's different“, „Hier oben ist alles anders“, war einer der Werbeslogans, der Besucher in die Grafschaft Donegal locken sollte. Es ist ungewöhnlich für Werbeslogans, aber dieser trifft den Nagel auf den Kopf. Zwar ist die Grafschaft Teil der Republik Irland, ist mit derselben aber nur durch einen schmalen Landkorridor verbunden. Donegal ist außerdem, wie Nordirland, mit dem sich Donegal den Großteil seiner Grenze teilt, Teil der Provinz Ulster. Diese geographische Isolation hat dazu geführt, dass Donegal eine eigene Identität, Lebensweise und Kultur entwickelt und bewahrt hat. Der hier gesprochene Dialekt, sowohl der englische als auch der irische, unterscheidet sich grundlegend vom Rest der Insel. Donegal beherbergt Irlands zweitgrößtes Gaeltacht-Gebiet und viele Traditionen, die im „restlichen“ Irland langsam in Vergessenheit geraten, werden hier gepflegt. Musik ist eine davon: Die Grafschaft hat einige von Irlands bekanntesten Musikern hervorgebracht, die alle ihre Wurzeln in der traditionellen Musik haben, wie z. B. Clanned, Altan, Aoife Ní Fhearraigh, Enya und Moya Brennan.

Zweifellos trägt die Landschaft einen großen Teil zu Donegals Identität bei. Donegal ist eines von Irlands am wenigsten dicht besiedelten Gebieten. Verwitterte Bergketten, bestehend aus Quarz und Granit, wechseln sich ab mit weiten, endlos scheinenden Deckenmooren. Eine zerklüftete Küste mit einigen von Irlands schönsten und längsten Sandstränden, höchsten Klippen und vielen küstennahen Inseln machen die Grafschaft zu einem visuellen Fest.

Den ersten Eindruck von der dramatischen Schönheit der Grafschaft bekommt man westlich der Stadt Donegal. Hier erstreckt sich eine weite Halbinsel in den Atlantik, an deren Südküste man den 600 Meter hohen Slieve League findet. Die Flanken dieses Berges fallen nahezu senkrecht in den Atlantik und sind am beeindruckendsten im Spätsommer, wenn blühendes Heidekraut und welkendes Farnkraut die Berghänge in ein buntes Farbenmeer tauchen.

▼ *Slieve League im Spätsommer*

Für schwindelfreie Besucher gibt es einen schmalen Pfad, bekannt als One Man's Path, der entlang des extrem schmalen Bergkamms zum Gipfel des Slieve League führt. Die Nordseite der Halbinsel ist ebenfalls einen Abstecher wert. Neben dem bildschönen Assaranca-Wasserfall findet man hier den weiten Maghera-Strand und an dessen westlichem Ende eine Reihe von tiefen Brandungshöhlen. Mehr als 20 Höhlen sind bekannt und einige von ihnen können bei Ebbe sogar vom Strand aus erreicht werden. Eine Legende berichtet von einem Massaker, bei dem ein Großteil der lokalen Bevölkerung, die sich in den Höhlen vor einer plündernden Meute versteckt hielt, umgebracht wurde. Vor einem Besuch der Höhlen sollte man sich unbedingt mit den aktuellen Gezeiten vertraut machen und das Wasser gut im Auge behalten, da man hier sehr schnell von der hereinkommenden Flut überrascht werden kann.

▼ *Bellachreesh Bay auf Aranmore Island*

Vom Maghera-Strand aus windet sich die Küste der Grafschaft nordwärts und bildet einen Irrgarten aus geschützten Buchten verschiedener Größe, weiten Sandstränden, zerklüfteten Felsküsten und zahlreichen vorgelagerten Inseln.

Die beiden größten und ganzjährig bewohnten Inseln Tory und Aranmore sind in landschaftlicher Hinsicht atemberaubend. Steilklippen, Felsnadeln und andere vom Atlantik geschaffene Felsformationen prägen die Küstenlinie. Aranmore ist die größere der beiden Inseln und nur eine kurze Fährüberfahrt vom Festland entfernt. Tory, die kleinere und nördlichere der beiden Inseln, ist 15 Kilometer vom Festland entfernt, was sie zur abgelegensten aller bewohnten irischen Inseln macht. Bei schlechtem Wetter ist sie oft tagelang von der Außenwelt abgeschnitten. Diese Abgeschiedenheit schlägt sich in der Kultur und Lebensweise der Bewohner nieder. So hat Tory seinen eigenen König, „The King of Tory", eine Tradition, die seit tausenden von Jahren praktiziert wird. Die Umgangssprache ist Irisch und Strom wird auf der Insel durch Dieselgeneratoren erzeugt. Da kaum Landwirtschaft betrieben wird, sind die Wiesen und Deckenmoore weitgehend naturbelassen und beherbergen in den Sommermonaten eine große Reihe von Wildblumen. Die Wiesen sind ein ideales Brutgebiet für Vögel aller Art, allen voran für den Wachtelkönig, der auf dem Festland nahezu ausgestorben ist und auf Tory Island so etwas wie eine letzte Bastion unterhält.

Die zerklüftete Küste und die vielen unbewohnten Inseln Donegals eignen sich perfekt als Brutgebiet für Kegelrobben und Seehunde. Angesichts dessen ist es nicht verwunderlich, dass hier zahlreiche Kolonien zu finden sind. Die weite Verbreitung der Tiere spiegelt sich auch in den Sagen und Legenden der Gegend wider. Eine häufig wiederkehrende Sagengestalt sind die Selkies, Gestaltwandler, zum Teil Seehund, zum Teil Mensch. Der Legende nach respektierten die Fischer auf Aranmore Island die als magisch angesehenen Seehunde und teilten mit ihnen ihren Fang. Doch einer der Fischer, der einen Seehund dabei ertappte, wie er sich aus seinem vollen Netz bediente, attackierte das Tier ohne nachzudenken mit einem Knüppel. Zwar erkannte der Fischer seinen Fehler sofort und entschuldigte sich, der Seehund aber war plötzlich verschwunden. Einige Zeit später geriet der Fischer unerwartet in einen Sturm, der sein kleines Boot stundenlang auf den Wellen umherwarf. Als sich das Meer wieder beruhigt hatte, fand sich der Fischer in ihm unbekannten Gewässern wieder. Er erreichte schließlich eine kleine Insel, warf den Anker aus und klopfte an die Tür eines Hauses ganz in der Nähe des Ufers. Der Bewohner des Hauses begrüßte den Fischer mit Namen und teilte ihm mit, dass der Sturm ihn bis nach Schottland geblasen hatte. Der Fischer, der Schottland nie vorher besucht hatte, war natürlich überrascht, dass der Bewohner des Hauses ihn offensichtlich kannte. Als Antwort auf seine Fragen nahm der Bewohner des Hauses kurzerhand seine Mütze ab, präsentierte eine breite Narbe auf seiner Stirn und sagte: „Wir kennen uns. Erinnerst du dich an den Tag, an dem du mich in deinem Netz ertappt hast…?“

Eine andere Geschichte erzählt von einem Fischer, der auf seinem nächtlichen Heimweg eine Gruppe von Mädchen beobachtete, die bis zum Morgengrauen am Strand tanzten. Kurz vor Sonnenaufgang warf jedes der Mädchen ein Seehundfell über und verschwand in den Wellen. In den folgenden Wochen besuchte der Fischer den Ort jede Nacht, bis er schließlich die Gruppe wieder antraf. Diesmal allerdings versteckte er eines der Seehundfelle. Als die Sonne aufging, hüllten sich die Mädchen wie zuvor in ihre Felle – alle außer eines, das ohne ihre Hülle nicht ins Meer zurückkehren konnte. Der Fischer trat nun als Retter in der Not auf, bot der Selkie Kleidung, Essen und ein Dach über dem Kopf an. Die beiden heirateten kurze Zeit später, hatten zwei Kinder und lebten mehr oder weniger glücklich zusammen. Viele Jahre später tobte ein Sturm und zerstörte einen Teil des Daches. Am nächsten Morgen, nachdem sich das Wetter beruhigt hatte, begab sich der Fischer auf das Dach um den Schaden zu reparieren, während seine Frau und die Kinder begannen, das Haus aufzuräumen. Inmitten der Trümmer fand seine Frau ein Fell – ihr Robbenfell, das der Fischer all die Jahre im Dach versteckt hatte. Bevor der Fischer und die Kinder reagieren konnten, rannte die Frau Richtung Strand, warf sich ihr Fell über und verschwand in den Wellen. Die Selkie kehrte nicht mehr zu ihrer Familie zurück, war aber immer zur Stelle, um ihren Ehemann vor schlechtem Wetter und anderen Gefahren des Meeres zu warnen.

Verlässt man die Küste, um das Landesinnere zu erforschen, findet man eine Landschaft von trostloser Schönheit, und inmitten dieser Landschaft, im Zentrum der Grafschaft, liegt der Glenveagh-Nationalpark, Irlands zweitgrößtes Schutzgebiet. Der Nationalpark entstand, ähnlich wie der Killarney-Nationalpark, aus einem herrschaftlichen Anwesen, das auch heute noch in der Mitte des Gebiets liegt. Glenveagh Castle, umgeben von gepflegten Gärten, wurde gegen Ende des 19. Jahrhunderts von John Adair erbaut. Adair gelangte zu zweifelhafter Berühmtheit, als er die Grundstücke von mehr als 200 seiner Pächter zwangsräumen ließ, da deren schäbige Behausungen seine Aussicht störten. Das Schloss liegt am Ufer des Lough Beagh und ist umgeben von den Derryveagh Mountains. Der Name des Tals, Glenveagh, ist von dem irischen Begriff „Gleann Bheatha" abgeleitet, was soviel wie „Tal der Birken" bedeutet. Leider gibt es heute kaum noch Überreste der alten Wälder. Mullangore Wood stellt den größten Bestand der alten Bäume dar. Er befindet sich am von steilen Berghängen umgebenen oberen Ende des Lough Beagh und setzt sich überwiegend aus Birke und Eiche zusammen. Als größter Lebensraum des Nationalparks gilt das atlantische Deckenmoor, das sich vom Ufer des Sees bis in die Berge erstreckt. Nur die höchsten Gipfel sind unbedeckt; nackter Granit trotzt hier den Elementen. Eine Reihe von gut ausgeschilderten und teilweise befestigten Wanderwegen führen vom

▼ *Regenbogen über Glenveagh*

Besucherzentrum am Nordende des Lough Beagh in verschiedene Richtungen, und im Sommer verkehrt ein Pendelbus zwischen Besucherzentrum und Schloss.

Als Schauplatz des ehrgeizigsten Naturschutzprojektes, das Irland je gesehen hatte, sorgte der Glenveagh-Nationalpark 2001 für internationale Aufmerksamkeit. Der Steinadler sollte nach fast 100 Jahren Abwesenheit in die Berge Donegals zurückkehren. 2001 und in den darauffolgenden Jahren wurde eine Reihe von aus Schottland importierten Steinadlern im Nationalpark ausgesetzt. Unglücklicherweise, aber nicht unerwartet, überlebten nicht alle Tiere die ersten Jahre. Dennoch kann man insgesamt von einem erfolgreichen Projekt sprechen: Zwischen 2001 und 2012 wurden insgesamt 63 Tiere im Nationalpark ausgesetzt, im Jahr 2005 wurde das erste Nest gesichtet und 2007 erblickte das erste irische Steinadlerküken das Licht der Welt. Seitdem wurden 15 in Irland geborene Steinadler großgezogen und 2017 brütete das erste in Irland geborene Steinadlerweibchen. Die Vögel haben außerdem damit begonnen, den Nationalpark zu verlassen und sich in anderen Teilen der Grafschaft anzusiedeln. Die Zukunft dieser majestätischen Vögel in Irland ist alles andere als sicher, aber es gibt Grund zur Hoffnung.

Eine der schönsten Ecken der Derryveagh Mountains liegt an der Grenze des Nationalparks und kann nur zu Fuß und querfeldein erreicht werden. Am Fuße des Mount Errigal, dem höchsten Gipfel der Derryveagh-Bergkette, liegt das Poisoned Glen, „das vergiftete Tal". Der englische Name dieses dramatischen Tals wird auf den Fehler eines englischen Kartographen zurückgeführt. Unter den irischsprachigen Einwohnern der Gegend war es als Heavenly Glen bekannt. Der Kartograph allerdings verwechselte das irische Wort für Gift („nimhe") mit dem Wort für Himmel („neamh"), und so wurde aus dem „himmlischen Tal" das „vergiftete Tal". Anfangs führt ein Trampelpfad entlang dem kleinen Fluss Cronaniv Burn über flaches Deckenmoor. Im Frühling sorgt der Stechginster, der am Flussufer wächst, für gelbe Farbtupfer. Schon bald beginnen sich die Berge der Derryveaghs zu beiden Seiten zu erheben und der Pfad verschwindet zwischen den Gräsern des Talbodens. Hier offenbart sich der erste Blick in das Tal und auf die fast brutal wirkende Klippenwand, die das Ende des „himmlischen Tals" bildet.

▶ Der Leuchtturm am Fanad Head

Der Norden der Grafschaft Donegal wird von langgezogenen, fjordähnlichen Buchten und den dazugehörigen Halbinseln Rossguill, Fanad und Inishowen dominiert. Die Fanad-Halbinsel ist bekannt für ihren Leuchtturm, der auf einer schmalen, felsigen Landspitze über den rauen Wellen des Nordatlantiks thront. Die Inishowen-Halbinsel, Fanads östlicher Nachbar, ist die mit Abstand größte Halbinsel Irlands und nur durch einen schmalen Landstreifen mit dem Festland verbunden. Die Nordspitze der Halbinsel, Malin Head, ist Irlands nördlichster Punkt und sowohl die Gewässer um diese Landspitze als auch die des Fanad Head haben sich in den letzten Jahren zu einem Geheimtipp unter Sporttauchern entwickelt. Neben der farbenprächtigen Unterwasserlandschaft der Riesentangwälder und deren Bewohnern kann man hier auch zahlreiche gesunkene Schiffe entdecken.

Wer lieber auf festem Boden bleibt, dem bietet Inishowen auch einiges. Die Halbinsel ist so etwas wie ein Miniatur-Irland und bietet eine Vielzahl von Lebensräumen und Landschaftsformen auf engstem Raum: raue Klippen, weite Sandstrände, wilde Gebirgszüge, kleine Wälder, Flüsse, Seen und Moore. Vogelfreunde kommen besonders im Südwesten der Halbinsel auf ihre Kosten. Das Inch Wildfowl Reserve ist ein wenig bekanntes Naturreservat zwischen der kleinen Insel Inch und dem Festland. Neben einigen anderen Arten überwintern hier vor allem Graugans und Singschwan in großer Anzahl. Das Naturreservat ist allerdings nicht nur im Winter interessant. Unter anderem findet man hier das ganze Jahr den Schilfrohrsänger, die Rohrammer, den Eisvogel und drei Seeschwalbenarten. Es gibt sehr gut ausgebaute Wege und eine große Anzahl von Unterständen zur Vogelbeobachtung. Mittelfristig soll das Inch Wildfowl Reserve sogar noch weiter ausgebaut werden.

HIGHLIGHTS

– Die Grafschaften Sligo, Leitrim und Donegal

- **LOUGH GILL** ist ein relativ großer See in der Nähe der Stadt Sligo. Das teilweise bewaldete Seeufer bietet eine Reihe von guten Wanderwegen.
  Koordinaten Parkplatz: 54.258651 / -8.4250171

- **GLENIFF, GLENCAR, GLENADE UND EAGLE'S ROCK** – Die beiden Täler Glencar und Glenade umrunden das Massiv des Ben Bulben, King's Mountain und Truskmore. Ein drittes Tal, bekannt als der Gleniff Horseshoe, bildet eine weite Ebene zwischen Truskmore, Tievebaun und Benwiskin. Ein Besuch aller drei Täler lässt sich gut miteinander verbinden. Nicht zu vergessen ist ein Besuch des Glencar Waterfall und des Eagle's Rock in Glanade, einer 330 Meter hohen Felsnadel.
  Koordinaten Parkplatz:
  54.338472 / -8.3693722 (Glencar)
  54.388521 / -8.3355926 (Glenade / Eagle's Rock)
  54.372022 / -8.4157795 (Gleniff)

- **ARDS FOREST PARK** – Der Ards Forest Park zählt zu den wenigen Wäldern der Grafschaft und bedeckt den Großteil der Ards-Halbinsel. Eine Reihe von ausgeschilderten und befestigten Wanderwegen macht es einfach, die Halbinsel zu erkunden. Ein Spielplatz und ein Unterstand zur Vogelbeobachtung werden ebenfalls geboten.
  www.coillte.ie/site/ards-forest-park/
  Koordinaten Parkplatz: 55.158749 / -7.8890269

▲ *Sonnenuntergang auf Doagh Island*

SLIEVE LEAGUE UND GLENCOLUMBKILLE

Die Klippen des Slieve League gehören zu den beeindruckendsten Küstenszenarien Irlands. Glencolumbkille, das Tal des Colm Cille liegt wenige Kilometer nördlich der Klippen und ist benannt nach einem der drei Hausheiligen Irlands (neben St. Patrick und St. Brigid). Ein Pilgerpfad am Ende des Tals bietet wunderbare Ausblicke über das Tal und einige historische Monumente. Folgt man der R263 von Glencolumbkille, gelangt man schließlich zu dem versteckten und von Klippen umrahmten Strand von Malin Beg.
www.sliabhliag.com
Koordinaten Parkplatz:
54.627188 / -8.6844557 (Slieve League)
54.718972 / -8.7394306 (Glencolumbkille)
54.665313 / -8.7774709 (Malin Beg)

ARANMORE ISLAND – Es lohnt sich, ein oder zwei Nächte auf Aranmore zu verbringen, um die Inselatmosphäre so richtig auszukosten. An der Ostküste findet man eine Reihe von schönen Sandstränden, an der Westküste wunderbare Steilklippen und einen Leuchtturm, der auch als Ferienhaus genutzt wird. Cluidaniller, der höchste Punkt der Insel, bietet Ausblicke über die Insel und das Festland. Da es kaum Verkehr auf der Insel gibt, gilt Aranmore als Paradies für Wanderer.
www.arainnmhor.com
www.arranmoreferry.com
Koordinaten Parkplatz:
54.983172 / -8.4420691 (Hafen in Burtonport)

▶ **CROHY HEAD** ist eine Landzunge südlich des kleinen Badeortes Maghery und bekannt für seine dramatischen, vom Atlantik aus den Klippen gemeißelten Felstore und Felsnadeln. Maghery selbst bietet einen weiten Sandstrand, und nördlich des Ortes findet man die unheimlichen Überreste der Famine Wall, einer während der Großen Hungersnot erbauten Mauer.
Koordinaten Parkplatz: 914848 / -8.4529734

▶ **ERRIGAL MOUNTAIN, THE POISENED GLEN UND GLENVEAGH NATIONAL PARK**
Die Derryveagh Mountains schließen das Poisened Glen und den Glenveagh-Nationalpark ein und bilden das Zentrum der Grafschaft Donegal. Errigal Mountain ist mit 751 Metern der höchste Berg der Derryveagh-Kette und Wahrzeichen der Gegend. Sowohl das Poisened Glen als auch der Nationalpark bieten sehr gute Wandermöglichkeiten.
www.glenveaghnationalpark.com
Koordinaten Parkplatz:
55.057426 / -7.9374320 (Glenveagh National Park)
55.017405 / -8.1102207 (Poisened Glen und Errigal Mountain)

▶ **FANAD HEAD** liegt an der Spitze der gleichnamigen Halbinsel und beherbergt einen Leuchtturm mit Kultstatus. Das vom Atlantik umtoste Fanad Lighthouse befindet sich auf einer schmalen Landspitze und dürfte zu den am meisten fotografierten Leuchttürmen Irlands gehören. Auf der restlichen Fanad-Halbinsel finden sich einige ausgedehnte Sandstrände und einsame Landschaften.
www.visitfanad.com
Koordinaten Parkplatz: 55.275766 / -7.6347425

▶ **INISHOWEN PENINSULA** – Es lohnt sich, mehr als einen Tag für die Inishowen-Halbinsel einzuplanen. Im Westen der Halbinsel liegen die Urris Hills, eine küstennahe, sanfte Bergkette, die zum Wandern einlädt. Malin Head mit seiner dramatischen Felsküste markiert den nördlichsten Punkt Irlands und war Drehort für den Star Wars-Film „Die letzten Jedi". Doagh Island ist eine dünn besiedelte Insel, die heute aufgrund von Versandung mit

dem Festland verbunden ist und das Doagh Famine Village beherbergt, eine restaurierte Siedlung aus der Zeit der Großen Hungersnot. Außerdem empfehlenswert ist ein Besuch des Glenevin Waterfall, der Kinnagoe Bay, einer der schönsten Buchten Irlands, und des Fort Dunree, einer Küstenfestung aus der Zeit der Napoleonischen Kriege. Ein Muss für Vogelfreunde ist das Inch Wildfowl Reserve im Süden der Halbinsel.
www.doaghfaminevillage.com
www.inchwildfowlreserve.ie

REISEINFORMATIONEN – Die Grafschaften Sligo, Leitrim und Donegal

▲ *Die Küste des Ards Forest Park*

ANREISE

Die Grafschaften Sligo und Leitrim erreicht man aus südlicher Richtung über die N17 und N4 und aus östlicher Richtung über die N16. Die Hauptroute durch beide Grafschaften ist die N15. Die Grafschaft Donegal erreicht man von der Republik aus über die N15. Die meisten Attraktionen der Grafschaft liegen entlang der Küstenstraße N56.

UNTERKUNFT UND VERPFLEGUNG

In den Grafschaften Sligo und Leitrim eignen sich Sligo Town und die nähere Umgebung am besten als Basis, bieten sie doch eine sehr breite Auswahl an Unterkünften, Supermärkten und Restaurants. Wer kleinere Orte vorzieht, der ist mit Grange, Clifony und Manorhamilton gut bedient.

Da Donegal vergleichsweise dünn besiedelt ist, sollte man etwas längere Anfahrtszeiten einplanen als für den Rest Irlands. Für die Westküste der Grafschaft kommen Ardara und Dunglow als Basis infrage, für den Norden bietet sich Letterkenny, die Hauptstadt der Grafschaft, an und im Hinblick auf die Inishowen-Halbinsel sind Buncrana und Carndonagh eine gute Wahl.

ANGEBOTE

- **Greifvogelvorführung:**
  www.eaglesflying.com
- **Bootstouren:**
  www.sliabhleagueboattrips.com
- **Geführte Wanderungen:**
  www.walkingdonegal.net
  www.walktalkdonegal.com
- **Felsklettern:**
  www.uniqueascent.ie
- **Sporttauchen:**
  www.mevaghdiving.com

WANDERWEGE

Alle drei Grafschaften bieten gute Wandermöglichkeiten verschiedener Schwierigkeitsgrade. Ausgeschilderte Wanderwege kann man problemlos nutzen, im Vorfeld von Querfeldein-Exkursionen sollte man sich aber unbedingt informieren, ob das Land in Privatbesitz ist, und sich gegebenenfalls die Erlaubnis des Landeigentümers einholen. Das gilt besonders für Ben Bulben und die umliegenden Berge; hier gab es in der Vergangenheit immer wieder Probleme zwischen Wanderern und Landeigentümern.

Zu empfehlen sind Knocknarea (Sligo), Lough Gill (Sligo), Glencolumbkille Loop (Donegal), Aranmore Island (Donegal), Glenveagh Nationalpark (Donegal) und Ards Forest Park (Donegal).
www.sligowalks.ie
www.letswalkdonegal.com

- **BESTE JAHRESZEIT**
  Frühling, Spätsommer und Herbst.

- **INTERNET**
  www.sligotourism.ie
  www.sligo.ie
  www.leitrimtourism.com
  www.leitrimireland.com
  www.govisitdonegal.com
  www.glenveaghnationalpark.ie

▶ *Die Klippen des Crohy Head*

▼ *Glencar Lough im Herbst*

N

3

DAS ANDERE IRLAND DER NORDEN

ANTRIM COAST & GLENS

◄ *Fair Head vom Küstenpfad an der Murlough Bay aus gesehen*

Die Antrim Coast and Glens, die Küste und die Täler der Grafschaft Antrim, erstrecken sich über den nordöstlichen Teil Nordirlands und bilden eine der am wenigsten bekannten, aber beeindruckendsten und interessantesten Landschaften der Insel. Die Küste ist ein Wechselspiel von Klippen und Felsküste, Sandstränden, kleinen Städten und Fischerdörfern. Dahinter erhebt sich das Antrim Plateau, das von neun Tälern durchschnitten wird, die sich alle zur Küste hin öffnen.

Der bekannteste Spot der Antrim Coast and Glens ist vermutlich der Giant's Causeway, ein natürlicher Damm bestehend aus tausenden (die offizielle Zahl ist 40.000) ineinander greifenden Basaltsäulen, die sich ins Meer erstrecken. Neben dem Giant's Causeway selbst kann man eine Reihe weiterer außergewöhnlicher Steinformationen wie den Giant's Chair (der Riesenstuhl), The Organ (die Orgel) und die Chimney Stacks (die Schornsteine) bewundern.

Als einzige Stätte in Nordirland zählt der Giant's Causeway seit 1986 zum UNESCO-Weltkulturerbe. Der Damm genießt diesen Status aber nicht nur wegen seiner ungewöhnlichen Erscheinung. Die unmittelbare Umgebung – sowohl die Felsküste als auch das

Die Kreideklippen der Whitepark Bay

Marschland und die Wiesen – dienen als Lebensräume für um die 50 Vogelarten und mehr als 200 Wildblumen und andere Pflanzenarten. Hervorzuheben sind hier die Grüne Hohlzunge, der Große Bocksbart und die Schottische Mutterwurz. Eine weitere interessante Blume des Giant Causway ist die parasitäre Thymian-Sommerwurz. Wie anderen Mitgliedern der Sommerwurz Familie fehlt auch ihr jegliches Chlorophyll. Die rostrote Pflanze bezieht alle Nährstoffe, die sie benötigt, von ihrer Wirtspflanze, dem Wilden Thymian (oder Quendel).

Eine Legende beschreibt die Entstehung des Giant's Causeway folgendermaßen: Fionn MacCumhaill, einer der größten Helden der irischen Mythologie, wurde von dem schottischen Riesen Benandonner zum Zweikampf herausgefordert. Fionn nahm die Herausforderung an und baute den Damm über den Nordkanal, damit sich die beiden auf halbem Wege zwischen Irland und Schottland treffen konnten, um ihre Kräfte zu messen. In einer Version der Geschichte besiegte Fionn seinen schottischen Gegner, woraufhin der Damm unter dem enormen Gewicht der beiden Rivalen einstürzte. Einer anderen Version zufolge versteckte sich Fionn vor

▲ Sonnenuntergang am Giant's Causeway

► Eine der Steinformationen zwischen der Whitepark Bay und Ballintoy, bekannt als The Elephant

dem deutlich größeren Benandonner und schlüpfte, unterstützt von seiner Frau Oonagh, in die Rolle seines eigenen neugeborenen Sohnes. Benandonner fiel auf die Täuschung herein und bekam es mit der Angst zu tun: Wenn Fionns Baby schon die Größe eines Giganten hatte, wie groß und stark war dann wohl der Vater? Benandonner trat den schnellen Rückzug Richtung Schottland an und zerstörte den Damm hinter sich, um zu verhindern, dass der mächtige Fionn ihm folgte. Die Entstehung dieser Legende macht Sinn, wenn man einen Blick auf die andere Seite des Nordkanals wirft. Auf der schottischen Insel Staffa findet man die gleichen Basaltsäulen des Giant's Causeway in einer etwas kleineren Version. Fragt man allerdings einen Geologen, klingt die Entstehungsgeschichte etwas anders und beinhaltet weder Helden noch Riesen. Vor etwa 50 Millionen Jahren lag Irland nahe der Grenze zwischen der Europäischen und der Amerikanischen Kontinentalplatte, die sich langsam voneinander entfernten. Für den Nordosten Irlands und für Teile des heutigen Schottland hatte diese Plattenbewegung dramatische Folgen. Magma brach durch die geschwächte Erdkruste und bedeckte die Landschaft. Der Giant's Causeway und sein schottischer Nachbar sind lediglich zwei Hinterlassenschaften dieser Zeit. Viele Berge in der Grafschaft Antrim sind erloschene Vulkane, wobei Slemish Mountain zu den beeindruckendsten zählen dürfte. Dieser heute nur noch 180 Meter hohe Berg erhebt sich über einer flachen Ebene und war vermutlich einer der aktivsten Vulkane. Slemish hat außerdem einen festen Platz in der irischen Mythologie als der Ort, an dem der jugendliche St. Patrick Schafe hütete und zum ersten Mal dem Gott der Christenheit begegnete.

Die Magmaausbrüche dauerten um die 15 Millionen Jahre und hatten, neben der Entstehung des Giant's Causeway und anderer Basaltmonumente, einen weiteren Einfluss auf die heutige Landschaft der Grafschaft Antrim. Das Lavagestein bildete einen Schutzmantel für ältere Gesteine und verhinderte so deren Erosion. Als Folge findet man heute eine ungewöhnliche Vielfalt an Gesteinen aus den verschiedensten Epochen. Roter Sandstein, Kalkstein, Kreide, der bereits erwähnte Basalt und andere liegen oft Seite an Seite. Neben dem Giant's Causeway sollte man unbedingt die Whitepark Bay mit ihren Kreideklippen, den angrenzenden Ballintoy Harbour und dessen sonderbare Basaltformationen und Höhlen sowie die Larrybane Bay mit ihrer Mischung aus schwarzem Basalt und weißer Kreide besuchen.

Der visuelle Höhepunkt der Antrim-Küste ist allerdings der Fair Head. Diese fast 200 Meter hohen Doleritklippen befinden sich im äußersten Nordosten von Nordirland und gehören zu den beliebtesten Kletterfelsen der Insel. Südlich der Klippen windet sich eine schmale Straße abwärts zur Murlough Bay. Von hier lassen sich die mächtigen Felsen des Fair Head von der Meeresebene aus bewundern, und an

klaren Tagen kann man die Berge Schottlands auf der anderen Seite des Nordkanals erkennen. Die Spitze der Klippen lässt sich über einen Wanderweg, den Grey Man's Path, erforschen. Die Ausblicke sind atemberaubend: Schottland im Osten, die Berge und Täler Antrims im Westen und im Norden die sagenhafte Insel Rathlin.

Rathlin Island liegt etwa 10 Kilometer vom irischen Festland entfernt und kaum mehr als 20 Kilometer von Schottland. Es ist daher nicht verwunderlich, dass sowohl die Insel als auch der Rest der Grafschaft seit jeher sehr enge Verbindungen zu seinen schottischen Nachbarn unterhält. Im späten 6. und frühen 7. Jahrhundert bildete die Grafschaft Antrim zusammen mit Argyll, einem Teil des westlichen Schottland, sogar ein gemeinsames Königreich, bekannt als Dal Riada.

Diese gemeinsame Geschichte von Schottland und dem Norden Irlands begann vermutlich nicht allzu lange nach der letzten Vergletscherung. Es wird vermutet, dass die ersten Jäger und Sammler Irland von Schottland aus erreicht hatten, und Rathlin Island war vermutlich ihr erster Stützpunkt. Rathlin spielte auch später noch eine wichtige Rolle in der schottischen Geschichte. Eine Höhle an der Ostküste der Insel ist bekannt als Bruce's Cave. Robert the Bruce, der Schottland später als König in die Unabhängigkeit führte, verbrachte hier sein Exil, nachdem er von englischen Truppen besiegt und vertrieben worden war. Eine hartnäckige Spinne, deren Netz wieder und wieder von Wind und Gischt zerstört wurde, inspirierte Robert, seinen Traum von der schottischen Unabhängigkeit nicht aufzugeben und wie die Spinne hartnäckig ein Ziel zu verfolgen.

Rathlins Landschaft ist der Antrim-Küste sehr ähnlich und präsentiert sich mit Steilklippen, Sandstränden und einem regen Tierleben. Rathlins Westküste beherbergt eine große Vogelkolonie. Im Sommer verwandeln Eissturmvogel, Papageientaucher, Dreizehenmöwe, Trottellumme und Tordalk die Steilküste in ein schnatterndes Chaos. Am besten lassen sich die brütenden Vögel vom West Light Seabird Center aus beobachten. Dieser modifizierte Leuchtturm bietet nicht nur eine Aussichtsplattform, sondern auch umfangreiche Informationen über das Tier- und Pflanzenleben in der Region.

Im Osten der Insel lassen sich Kegelrobben sehr bequem beobachten. Die Tiere lassen sich in der geschützten Mill Bay, nur wenige Schritte von der schmalen Küstenstraße entfernt, die Sonne auf den Pelz scheinen. Im Herbst ziehen sie hier auch ihren Nachwuchs groß. Eider- und Brandente sind ebenfalls weit verbreitet, sowohl auf Rathlin als auch entlang der Festlandküste.

▼ *Kegelrobben auf Rathlin Island*

Der jahrtausendelange menschliche Einfluss auf die Küste und Täler Antrims lässt sich natürlich nicht leugnen. Am augenscheinlichsten sind die Ruinen zahlreicher Burgen, allen voran Dunluce Castle, das prekär auf einem schmalen Felsvorsprung über dem Atlantik steht. Dunluce wurde im 13. Jahrhundert erbaut und laut einer Legende im 17. Jahrhundert verlassen, nachdem die Küche zusammen mit einem Teil der Klippen ins Meer gestürzt war.

Dies ist nur eine der vielen Geschichten und Legenden, die sich um Dunluce und die Antrim-Küste ranken. Die ungewöhnliche Topographie der Küste ist vermutlich für viele dieser Geschichten verantwortlich. So lebt in den tiefen Höhlen in der Nähe des Ballintoy Harbour angeblich eine riesige Seeschlange und die benachbarten Basaltformationen stellen die Überreste einer von St. Patrick verfluchten und von Gott in Stein verwandelten vorgeschichtlichen Metropole dar. In den Ruinen der Bonamargy Friary außerhalb der Ortschaft Ballycastle spukt angeblich die Black Nun, eine kopflose, in schwarz gekleidete Nonne, und nur wenige Kilometer weiter am Loughareema kann man die Geister des ertrunkenen Colonel McNeill, seines Kutschers und von dessen Pferden treffen. Loughareema ist auch bekannt als der Vanishing Lake, „der verschwindende See". Der Grund dieses Sees besteht aus Kalkstein und ist mit Schlucklöchern übersät, und je nach Niederschlag und Wasserablauf von den umliegenden Bergen erscheint oder verschwindet der See im Laufe weniger Stunden.

▼ *Dunluce Castle*

In der Nähe der Ortschaft Stranocum findet man schließlich die Dark Hedges. Diese Buchenallee wurde im 18. Jahrhundert als Zugang zu Gracehill House angelegt. Heute ist Gracehill ein Golfplatz und die Allee eine von vielen kleinen Nebenstraßen, die sich durch die Landschaft der Grafschaft schlängeln. Der Legende nach wird die wunderschöne Allee von einer Geistererscheinung, der Grey Lady, heimgesucht, die bei Dämmerung lautlos von Baum zu Baum gleitet. Von den original gepflanzten 150 Bäumen steht heute nur noch etwas mehr als die Hälfte und die Zukunft der Allee ist alles andere als gesichert. Vor einigen

Jahren tauchten die Dark Hedges als King's Road in der Fernsehserie „Game of Thrones“ auf und der Ort wurde über Nacht zu einer Touristenattraktion. Die Schattenseite der plötzlichen Popularität war ein erhöhtes Besucher- und Verkehrsaufkommen, das die Stabilität der Bäume auf lange Sicht in Frage stellt.

Von den Dark Hedges ist es nur ein kurzer Weg zu den Glens of Antrim. Diese neun Täler entstanden während der letzten Vergletscherung, als sich die Eismassen in Schwachstellen des Grundgesteins gruben und so über Jahrtausende Schneisen in das Antrim Plateau schnitten. Ein Querschnitt durch das Plateau würde einen erdgeschichtlichen Schichtkuchen offenbaren, wie man ihn nur sehr selten findet. Die Basis bildet bis zu 300 Millionen Jahre alter Sandstein. Darüber befindet sich eine Schicht aus Kalkstein und Schlammstein, die vor etwa 200 Millionen Jahren entstand. Vor 80 Millionen Jahren entstand dann Kreidestein, der vor 60 Millionen Jahren von Basalt bedeckt wurde.

Wandert man heute durch die Täler Antrims, sieht man allerdings nicht viel von deren geologischen Fundamenten. Felder, Hecken und Deckenmoor sind die vorherrschenden Landschaftsformen, und nur an wenigen Stellen treten die darunterliegenden Gesteine zum Vorschein. Das südlichste der Täler, Glenarm, und das als Queen of Glens bekannte Glenarriff sind außerdem großflächig von einer Mischung aus halbnatürlichen Mischwald- und Kieferplantagen bedeckt. Glenarriff ist das längste und beeindruckenste der Glens of Antrim. An seinem oberen Ende verengt sich das Tal zu einer Klamm, durch die sich der Glenarriff River über mehrere Wasserfälle seinen Weg bahnt. Die Wände der Klamm sind bewachsen mit Moosen, Farnen und Wildblumen wie der Süßdolde und der Echten Nelkenwurz. Ein gut ausgebautes Wegnetz, Bretterwege und Treppen machen es relativ einfach, das Tal zu erforschen.

Mit die schönste Zeit des Jahres in Antrim ist der Frühling, der die Blüte des Hasenglöckchens mit sich bringt. Im April und Mai verwandelt sich der Waldboden in ein blaues Blumenmeer. Zusammen mit dem frischen Grün der Bäume, dem gelegentlichen Weiß des Bärlauchs und roten Farbtupfern der Roten Lichtnelke präsentieren die Wälder der Grafschaft ein besonderes Schauspiel. Einer der besten Plätze, um die Farbenpracht zu genießen, ist der Portglenone Forest Park, der sich auf beiden Ufern des Bann erstreckt.

HIGHLIGHTS – Antrim Coast and Glens

- **DUNLUCE CASTLE** ist das ultimative Gruselschloss und liegt direkt an der Küstenstraße A2. Von einem Trampelpfad aus, der auch in die unter dem Schloss liegende Bucht führt, kann man Dunluce von außen bewundern, und gegen eine Eintrittsgebühr kann man das Gemäuer auch von innen besichtigen.

  Östlich des Dunluce Castle wird dem Besucher ein ungewöhnlicher Straßenverlauf auffallen. Die beiden Spuren teilen sich hier, um einen kleinen Hügel zu umgehen. Dieser war einst der Richtplatz, an dem zahllose Verurteilte gehängt wurden, die bis heute den Platz ihres Todes heimsuchen.

  `Koordinaten Parkplatz: 55.210338 / -6.5783134`

- **GIANT'S CAUSEWAY** – Die Basaltsäulen des Giant's Causeway sind die größte Attraktion der Gegend und besonders im Sommer oft überlaufen. Besucher müssen eine Parkgebühr entrichten und einen etwas längeren Fußmarsch in Kauf nehmen. Im Sommer verkehrt allerdings ein Shuttlebus zwischen dem Besucherzentrum und der Bucht des Giant's Causeway.

  www.giantscausewayofficialguide.com

  `Koordinaten Parkplatz: 55.233308 / -6.5158078`

- **PORTGLENONE FOREST PARK** – Dieses Waldgebiet bietet sich besonders im Frühjahr zur Blüte der „Buebells“ (Hasenglöckchen) für einen Besuch an. Das Wegnetz des Portglenoe Forest Park ist sehr gut ausgebaut.

  `Koordinaten Parkplatz: 54.863514 / -6.4654068`

▸ **WHITEPARK BAY UND BALLINTOY HARBOUR** – Diese beiden benachbarten Buchten lassen sich gut an einem Tag erkunden. Whitepark Bay bietet einen langen Sandstrand, ein blumenreiches Dünensystem und Kreideklippen, Ballintoy einen kleinen Hafen, Höhlen und andere interessante Basaltformationen. Bei Ebbe kann man zu Fuß von Ballintoy zur Whitepark Bay gehen.
Koordinaten Parkplatz: 55.228803 / -6.4067063 (Whitepark Bay)
Koordinaten Parkplatz: 55.244072 / -6.3692103 (Ballintoy Harbour)

▲ *Winter auf dem Antrim-Plateau*

▸ **KINBANE HEAD** liegt in der Nähe der Ortschaft Ballycastle und zählt zu den weniger bekannten Buchten der Antrim-Küste. Erreicht wird sie über eine steile Treppe in den Klippen. In der Bucht findet man die Ruinen eines Schlosses, einst Schauplatz eines blutigen Massakers.
Koordinaten Parkplatz: 55.227149 / -6.2913951

▸ **THE DARK HEDGES (BREGAGH ROAD)** sind eine einmalige Buchenallee, die als einer der Drehorte für „Game of Thrones“ berühmt wurden. Parken kann am benachbarten Golfplatz.
Koordinaten Parkplatz: 55.138220 / -6.3838914

▶ **FAIR HEAD UND MURLOUGH BAY** gehören in landschaftlicher Hinsicht zu den schönsten Plätzen Irlands. Erkunden lässt sich die Bucht über schmale Straßen, Feldwege und Trampelpfade.
Koordinaten Parkplatz: 55.213042 / -6.1226496

▶ **GLENARRIFF FOREST PARK** – Glenarriff, bekannt als Queen of Glens, ist durchzogen von einer Reihe von Wanderwegen. Der offizielle Parkplatz ist gebührenpflichtig, ein kleinerer Parkplatz an der Glen Road gehört zu einem Restaurant, ist kostenlos und liegt näher an den Hauptattraktionen des Tals, den Wasserfällen. Die Bretterwege sind oft sehr glitschig (besonders in der Nähe der Wasserfälle); gutes Schuhwerk und Vorsicht sind anzuraten.
Koordinaten Parkplatz: 55.018104 / -6.0980729 (Glen Road)
Koordinaten Parkplatz: 55.015397 / -6.1084720 (Forest Park Parkplatz)

▼ *Ein verlassenes Haus in der Nähe des Torr Head*

REISEINFORMATIONEN – Antrim Coast and Glens

▶ **ANREISE**

Die Antrim Coast and Glens (oder Causeway Coastal Route) erreicht man von Süden (Belfast) über die M2 und A26. Die Küstenstraße selbst und alle Attraktionen sind sehr gut ausgeschildert.

▶ *Red Tide, eine rote Algenblüte, am Ballintoy Harbour*

Geschwindigkeitsbegrenzungen und Entfernungen sind in Meilen angegeben.

UNTERKUNFT UND VERPFLEGUNG

Die größten Städte der Gegend sind Coleraine und Ballymoney mit einem großen Angebot an Unterkünften, Supermärkten und Restaurants. Wer lieber an der Küste bleiben möchte, der findet in Bushmills und Ballycastle ebenfalls eine gute Auswahl an Unterkünften, Lebensmittelgeschäften und Lokalen.

Die Währung ist das Britische Pfund.

ANGEBOTE

- **Klippenwanderung:** www.thegobbinscliffpath.com
- **Irlands älteste Whiskey Distillery:** www.bushmills.ie

WANDERWEGE

Die Grafschaft bietet eine Reihe von guten Wanderwegen. Im Glenariff Forest Park können diverse längere und kürzere Wanderungen verschiedener Schwierigkeitsgrade unternommen werden. Einfachere Wanderrouten gibt es auch im Portglenone Forest Park und im Roe Valley Country Park.

Für Langstreckenwanderer empfiehlt sich der Causeway Coastway, der sich allerdings auch in kürzeren Abschnitten erwandern lässt.

www.causewaycoastway.com

BESTE JAHRESZEIT

Frühling, Spätsommer und Herbst.

INTERNET

www.visitantrimglens.com
www.antrimcoastandglensaonb.ccght.org

IRLANDS SEENPLATTE

▲ *Sommerabend am Upper Lough Erne*

In Nordirland und den angrenzenden Grafschaften der Republik Irland findet sich die größte Ansammlung von Seen der gesamten Insel. Um die 2000 Wasserflächen bedecken die Landschaft, von kleinen Tümpeln bis zum größten Süßwassersee der britischen Inseln. Lough Neagh bedeckt ein Gebiet von fast 400 Quadratkilometern, ist mehr als 30 Kilometer lang, etwa 15 Kilometer breit und ein Paradies für Ornithologen. Zwischen 50.000 und 60.000 Vögel sind hier beheimatet, manche als dauerhafte Bewohner, andere als Besucher über die Wintermonate. Neben Stock-, Tafel-, Reiher- und anderen Enten, Höcker-, Zwerg- und Singschwan, dem Wasserhuhn und der Graugans ist Lough Neagh Heimat für den Haubentaucher, der im Süden des Sees eines seiner Hauptbrutgebiete in Irland hat. Die Vögel halten sich vor allem in den weiten Riedgrasgürteln entlang der Ufer auf. Das Riedgras ist Irlands größtes heimisches Gras und bildet ein undurchdringliches Dickicht, was den lateinischen Namen der Pflanze erklärt: „Phragmites" ist eine Ableitung aus dem Griechischen und bedeutet „Zaun". Die Haubentaucher errichten ihre schwimmenden Nester auf der sicheren, dem Wasser zugewandten Seite dieses Zauns, was

allerdings auch Probleme mit sich bringt. Die erfolgreiche Aufzucht des Nachwuchses hängt für den Haubentaucher vor allem von der Wind- und Wellentätigkeit während der Brutzeit ab – in Irland kein einfaches Unterfangen.

Ein guter Platz, um den Haubentaucher und andere Vögel zu beobachten, ist das Oxford Island-Naturreservat in der Nähe der Stadt Lurgan. Neben Unterständen zur Vogelbeobachtung gibt es auch eine Reihe von Wanderwegen, die unter anderem entlang naturbelassener Wiesen führen, die im Sommer ein wunderbares Blumenschauspiel zeigen. Kuckucks-Lichtnelke, Sumpfschafgarbe, Flohkraut, Skabiosen-Flockenblume und der Große Klappertopf sind nur einige der hier heimischen Arten.

Auch der Peatlands Park in der Nähe der Stadt Dungannon am Westufer des Lough Neagh ist einen Besuch wert. Der Park besteht aus zwei Naturreservaten, Mullenakill Nature Reserve und Annagariff Wood Reserve. Mullenakill ist ein teilweise intaktes Hochmoor, das eine Tiefe von bis zu neun Metern erreicht. Neben der für den Lebensraum typischen Flora und Fauna kann man hier einige seltene Schmetterlingsarten wie den Großen Heufalter und den Grünen Zipfelfalter entdecken. Das angrenzende Annagariff ist ein kleines Waldgebiet, das vorwiegend aus Birke, Hasel und Stechpalme besteht. Der kleine Wald gilt auch als Hochburg des seltenen Faulbaums, 95 Prozent der gesamten Population in Nordirland findet man hier. Darüber hinaus ist Annagariff der einzige Ort in Nordirland, an dem die Schwachbeborstete Gebirgswaldameise beheimatet ist.

Zur Entstehung des Lough Neagh gibt es eine interessante Legende, in der auch zwei uns bekannte Figuren eine Rolle spielen: Fionn MacCumhaill und Benandonner, die beiden Streithähne des Giant's Causeway. In dieser Geschichte schaufelte Fionn eine Handvoll Erde auf, um diese nach Benandonner zu werfen, verfehlte sein Ziel aber deutlich. Das Loch in der Erde, das Fionn hinterließ, füllte sich mit Wasser und entwickelte sich zum Lough Neagh, der Erdklumpen landete hingegen in der Irischen See und wurde zur Isle of Man.

▼ *Maghery Harbour am Lough Neagh*

▲ *Graureiher in der Morgendämmerung*

Südwestlich des Lough Neagh liegen die Fermanagh Lakelands, eine Seenplatte, die sich, entgegen ihres Namens, weit über die Grenzen der Grafschaft Fermanagh erstreckt. Im Zentrum dieser malerischen Seenlandschaft liegen Lough Oughter in der Grafschaft Cavan und Lough Erne in der Grafschaft Fermanagh, die beide von der Erne gespeist werden. Lough Erne besteht aus zwei Teilen, die bei der Stadt Enniskillen durch einen kurzen Flussabschnitt miteinander verbunden sind. Der nördliche Teil des Sees, Lower Lough Erne, ist ein Bilderbuchsee mit teilweise bewaldeten Ufern und einer Reihe von Inseln. Einige dieser Inseln, wie zum Beispiel White Island und Devinish Island, beherbergen faszinierende Monumente aus der Zeit des frühen Christentums. Südlich von Enniskillen beginnt der Upper Lough Erne. Dieser Teil des Sees kommt einem Irrgarten aus Inseln, Halbinseln, Buchten und Kanälen gleich. Nahe der Stadt Belturbet verlässt die Erne dieses Wasserlabyrinth, nur um nach wenigen Kilometern ein neues Gewirr von Wasserläufen, den Lough Ougther, zu bilden.

Upper Lough Erne und Lough Ougther entstanden an einer Stelle, an der die sich zurückziehenden Gletscher der letzten Kälteperiode zahllose Drumlins hinterließen. Durch diese Hügellandschaft musste sich nun die Erne ihren Weg bahnen. Der Fluss spaltete sich in zahlreiche Läufe auf und die Drumlins wurden zu Inseln und Halbinseln.

Diese verworrene Wasserwelt zählt zu den schönsten Landschaften Irlands. Im Frühling und Sommer bieten die teilweise natürlich bewirtschafteten Heuwiesen ein Farbenschauspiel, im Herbst fällt diese Rolle den zahlreichen kleinen Wäldern zu, die sich über die Inseln und Halbinseln erstrecken. Das Gebiet zieht vor allem Gänse- und Wattvögel an. Graureiher sieht man nahezu überall, Rotschenkel sind ebenfalls weit verbreitet und sogar die in anderen Gebieten selten gewordene Schnepfe und der Brachvogel findet man hier. Ein guter Ort, um diese Landschaft zu genießen, ist die Crom Estate am Upper Lough Erne in der Nähe der Ortschaft Newtownbutler. Wanderwege führen hier entlang der Seeufer, durch Eichenwälder, über Wiesen und vorbei an alten Schlossruinen. Unbedingt besuchen sollte man die Crom Yews, zwei Eiben, eine weiblichen und die andere männlichen Geschlechts, die über die Jahrhunderte eine innige Gemeinschaft eingegangen sind. Die Äste der Bäume bilden heute ein natürliches Dach über einer natürlichen Halle, in der im 19. Jahrhundert angeblich 200 Leute Platz fanden, um ein Festmahl zu sich zu nehmen. Heute haben die Bäume einen Umfang von fast 5 Metern und erreichen eine Höhe von 11 Metern – nicht genug, um 200 Leute zu bewirten, aber dennoch beeindruckend. Weiter südlich, am Lough Oughter, liegt der Killykeen Forest Park, der auch eine Reihe von Wanderwegen bietet. Diese verlaufen durch ein von Mischwald geprägtes Gebiet und entlang dem Seeufer.

Lough Gowna ist schließlich der dritte und südlichste der Seen, die von der Erne gespeist werden. Seine Entstehungsgeschichte ist interessant – sofern man der Legende denn glauben möchte. Eine junge Frau wusch einst ihre Wäsche an der Stelle, an der heute die Erne in den See fließt. Plötzlich sprang ein Kalb aus der Quelle und die junge Frau, erschrocken und panisch, suchte das Weite. Hinter ihr begann die Quelle überzulaufen und einen See zu bilden. Dreimal stolperte die junge Frau und fiel, und dreimal floss das Wasser um sie herum, wodurch die Inseln in dem neuen See entstanden. Der irische Name des Gewässers lautet folgerichtig Lough Gomhna, See des Kalbs.

Westlich der Fermanagh Lakelands, am Fuß der Cuilcagh Mountains, liegt der Ursprung von Irlands längstem Fluss, dem Shannon. Hier, in einem kleinen Tal, findet man den Shannon Pot, einen kleinen Tümpel, der seit jeher als die Quelle des Shannon bekannt ist. Eine von Irlands ältesten Legenden beschreibt, wie der Fluss aus der Quelle geboren wurde. Der Shannon Pot lag einst im Zentrum eines geheimen Gartens, der nur von den Druiden des damals hier lebenden Stammes betreten werden durfte. In dem Tümpel lebte der legendäre Salmon of Knowledge, ein allwissender Lachs, und der Ollpheist, ein Seemonster, dessen Aufgabe es war, Lachs und Garten zu bewachen. Nicht weit entfernt von dem Garten lebte Sionnan, ein kleines, eigensinniges Mädchen. Eines Tages beschloss Sionann, getrieben von Neugier, sich in den geheimen Garten zu schleichen, was ihr auch gelang. Für ein kleines Mädchen war der Garten allerdings nicht sehr aufregend, und gelangweilt begann

▶ *Kalkstein-Karst im Cavan Burren*

Sionnnan, Steine in den Tümpel zu werfen. Das erzürnte natürlich den Salmon of Knowledge, der den Ollpheist befahl, das Mädchen zu vertreiben. Der Ollpheist wiederum befahl dem Wasser der Quelle, sich zu erheben, und sofort erhob sich eine gewaltige Flut. Sionnan erkannte, dass etwas nicht in Ordnung war, und ergriff die Flucht. Der Ollpheist war nur wenige Schritte hinter ihr und grub eine Schneise in das Land, die sofort von den Fluten der Quelle gefüllt wurde. Kurz bevor sie den Ozean erreichte, wurde Sionnan von den Fluten erfasst und ertrank. Bis heute wird der damals entstandene Flusslauf aus der Quelle des Shannon Pot gespeist und trägt den Namen des Mädchens, das für seine Entstehung verantwortlich war.

Die wahre Quelle des Shannon befindet sich vermutlich irgendwo in den Cuilcagh Mountains. Diese liegen an der Grenze zwischen Nordirland und der Republik Irland und bestehen zum Großteil aus von Deckenmoor und Heideland bedecktem Sandstein und Schiefer. Ein kleines Gebiet am Nordende des Gebirges besteht hingegen aus Kalkstein und ist bekannt als der Cavan Burren. Diese Kalkstein-Karstlandschaft teilt sich ihre Entstehungsgeschichte und viele Merkmale mit dem Burren in der Grafschaft Clare: Findlinge, Dolinen, Höhlen und eine Vielzahl von historischen Monumenten. Leider war der Cavan Burren jahrelang unter Kieferplantagen versteckt, weshalb diese historische und geologische Schatztruhe erst seit einigen Jahren eingehender erforscht wird.

Heute ist der Cavan Burren Park Teil des UNESCO Marble Arch Caves Geopark. Die Marble Arch Caves liegen nur wenige Kilometer westlich des Cavan Burren und sind Nord-

irlands längstes und bekanntestes Höhlensystem. Benannt wurde es nach einem der Zugänge, dem Marble Arch, einem natürlichen Kalksteinbogen, der zum ersten Mal im Jahr 1732 von dem Pastor William Henry beschrieben wurde:

> The arch over my head was 20 feet high, continued with a little landing for 100 yards to the other great pit, by the light of which I could observe the river flowing gently along...

William Henry

Es dauerte allerdings weitere 163 Jahre, bis die Marble Arch Caves erstmals erforscht wurden. Édouard-Alfred Martel, der Vater der modernen Höhlenforschung, und der in Dublin geborene

Lyster Jameson drangen mithilfe eines einfachen Bootes, Kerzen und Magnesiumfackeln ganze 300 Meter in das Höhlensystem ein. Unter anderem entdeckten sie den Treffpunkt der drei unterirdischen Flüsse Owenbrean, Sruh Croppa und Aghinrawn, die für die Entstehung des Höhlensystem verantwortlich sind. In den darauffolgenden Jahrzehnten kam es zu weiteren Expeditionen. Erst 1982 begann man damit, die Höhlen der Öffentlichkeit zugänglich zu machen, und 1985 wurden die Marble Arch Caves schließlich eröffnet.

Der Fluss Claddagh, der an der Marble Arch das Höhlensystem verlässt, fließt von hier durch ein schmales, steilwandiges Tal, das Claddagh Glen. Die überwiegend von Eschen, Haseln und Buchen bewachsene Klamm ist vor allem im Frühling einen Besuch wert, wenn Blauglöckchen, Erd-Primel, Buschwindröschen und Bärlauch den Waldboden in ein Blumenmeer verwandeln. Eine Besonderheit des Claddagh Glen ist die Schuppenwurz, eine Schmarotzerpflanze, die ihre Nährstoffe aus den Wurzeln der Bäume abzapft und im Frühjahr eine Traube aus zartrosa Blüten produziert. Wasseramsel und Bergstelze kann man häufig an und auf dem Fluss beobachten, für den scheuen Baummarder und das Rote Eichhörnchen braucht man allerdings etwas Glück und Geduld.

Eine Geschichte, die auch heute noch gerne erzählt wird, dreht sich um eine Gruppe deutscher Wanderer, die das Claddagh Glen im Jahr 1912 besuchten. Nach einem langen Tag in den Cuilcagh Mountains kehrten die müden Wanderer durch das Claddagh Glen zurück und trauten ihren Augen nicht. Am Ufer des Flusses stand ein Elefant und stillte seinen Durst. Die verwirrten Wanderer kehrten schließlich im nächsten Wirtshaus ein und erzählten ihr Erlebnis dem Wirt. Dieser zuckte mit keiner Wimper und klärte die Gruppe auf: Ein wohlhabender und reisefreudiger Gutsherr aus der Gegend hatte eine Gruppe Elefanten vor vielen Jahren von seinen Reisen mitgebracht. Der Gutsherr sei inzwischen verstorben, doch seine exotischen Tiere lebten weiterhin gesund und munter im Claddagh Glen. Sie ernährten sich von den Gräsern und Laub im Tal, und bei Kälte zögen sie sich in die Höhlen zurück, so der Wirt. Was der hinter vorgehaltener Hand schmunzelnde Mann nicht erwähnte, war die Tatsache, dass „Duffy's Zirkus“ gerade in der Gegend war. Zu den Höhepunkten der Zirkusvorstellung gehörte eine Nummer mit Elefanten...

◄ *Die Marble Arch Caves*

HIGHLIGHTS

– Irlands Seenplatte

▸ **LOUGH ERNE** – Der beste Weg, den Lough Erne zu erleben, ist eine Bootstour. Man kann zwischen einer Reihe von Anbietern und verschiedenen Touren wählen. Island Hopping am Lower Lough Erne ist sehr zu empfehlen und man sollte dafür etwa einen halben Tag einplanen. Für eine Tour beider Seen (Upper und Lower Lough Erne) sollte man hingegen einen ganzen Tag einplanen. Startpunkt für die meisten Touren ist Enniskillen.

Für diejenigen, die lieber auf dem Festland bleiben möchten, empfiehlt sich die Crom Estate am Lower Lough Erne. Zahlreiche Wanderwege verlaufen hier durch die Waldgebiete und entlang dem Seeufer.
www.nationaltrust.org.uk/crom
`Koordinaten Parkplatz: 54.1631936,-7.4344898`

▸ **KILLYKEEN FOREST PARK** – Der Killykeen Forest Park in der Nähe der Ortschaft Killashandra ist der beste Ort, um den Lough Oughter zu erleben. Zwei Rundwanderwege führen durch einen Wald und entlang dem Seeufer.
`Koordinaten Parkplatz: 54.005859,-7.466943`

▸ **OXFORD ISLAND NATURRESERVAT** am Lough Neagh ist vor allem für Vogelfreunde interessant. Es liegt nördlich der Stadt Lurgan und der M1.
www.oxfordisland.com
`Koordinaten Parkplatz: 54.495527,-6.383670`

MARBLE ARCH CAVES GLOBAL GEOPARK

Unbedingt besuchen sollte man den Marble Arch Caves Global Geopark. Neben einer Tour durch das Höhlensystem „Marble Arch", die vermutlich schönsten Höhlen in Irland, lohnt sich auch eine Wanderung durch das Naturreservat des Cladagh Glen, das direkt neben dem Höhleneingang beginnt. Nur wenige Kilometer entfernt liegt der Cavan Burren Park, eine Kalkstein-Karstlandschaft, und der Cuilcagh Mountain Park. Beide bieten ein Netz von gut ausgeschilderten Wanderwegen verschiedener Schwierigkeitsgrade.

www.marblearchcavesgeopark.com

Koordinaten Parkplatz: 54.257876,-7.812098

www.cavanburrenpark.ie

Koordinaten Parkplatz: 54.266994,-7.889508

▲ *Brackley Lough, einer der kleineren Seen in der Grafschaft Cavan*

▼ *Sonnenuntergang nach einem langen, heißen Sommertag*

REISEINFORMATIONEN

– Irlands Seenplatte

ANREISE

Lough Neagh liegt östlich von Belfast und kann am einfachsten über die M1 erreicht werden.

Lough Erne wird von Westen und Osten über die A4 erreicht. Von Süden her führt die A34/A4 oder A509/A4 nach Enniskillen, das zwischen dem Upper und Lower Lough Erne liegt.

Lough Oughter und weitere Seen befinden sich westlich der N55 in der Republik Irland.

UNTERKUNFT UND VERPFLEGUNG

In Nordirland gilt Enniskillen als der beste Stützpunkt und bietet eine große Auswahl an Unterkünften, Supermärkten und Restaurants. Man bezahlt hier mit dem Englischen Pfund.

Wer lieber in der Republik bleiben möchte, kann sich grenznah in den kleinen Städten Ballyconnell oder Belturbet einquartieren. Die nächstgrößeren Städte mit einem umfangreichen Angebot an Unterkünften, Supermärkten und Restaurants sind Cavan und Clones.

Manche Tankstellen, Unterkünfte, Restaurants und Supermärkte im Grenzgebiet akzeptieren sowohl Euro als auch Englisches Pfund.

ANGEBOTE

- **Bootstouren auf dem Lough Erne:**
  www.ernewatertaxi.com
  www.ernetours.com

WANDERWEGE

Kürzere Wanderungen kann man in Crom (Upper Lough Erne), im Killykeen Forest Park (Lough Oughter) und im Cladagh Glen unternehmen. Wer längere und etwas anstrengendere Wanderungen bevorzugt, der kommt in den Cuilcagh Mountains auf seine Kosten.
www.walkni.com/walks/13653/cuilcagh-boardwalk-trail
www.walkni.com/walks/?c=5

▲ *Flussverkehr auf der Erne in Enniskillen*

BESTE JAHRESZEIT

Frühling, Spätsommer und Herbst.

INTERNET

www.discoverloughneagh.com
http://www.fermanaghlakelands.com
www.enniskillen.com

▼ *Der Fuchs ist nicht nur in Fermanagh weit verbreitet.*

STRANGFORD LOUGH UND DIE MOURNE MOUNTAINS

▲ *Der Hafen von Donaghadee auf der Ards Halbinsel, welche die Ostgrenze des Strangford Lough bildet*

Die Grafschaft Down im Südosten Nordirlands wird von zwei unverwechselbaren, aber sehr unterschiedlichen Landschaften dominiert. Im Osten liegt der Strangford Lough, ein langgestreckter Meeresarm, der von sanften Hügeln und weiten Felder umgeben ist. Blickt man vom Ufer des Strangford Lough Richtung Westen erkennt man die unverkennbare Silhouette der Mourne Mountains, Nordirlands höchster Bergkette. Beide Gebiete stehen unter strengem Schutz und bieten, jedes auf seine eigene Art, Lebensraum und Zuflucht für eine große Reihe von Tieren und Pflanzen.

Der Name des Strangford Lough stammt aus dem Altnordischen: „Strangr Fjörðr“ bedeutet in etwa „starke Bucht“, ein Name, der sich einst nur auf das südliche Ende des Meeresarms und die gleichnamige kleine Stadt bezog. Strangford Lough war früher unter dem irischen Namen Lough Cuan, „See der Buchten“, bekannt. Im Laufe der Zeit geriet dieser Name allerdings in Vergessenheit, sodass sich „Strangford Lough“ zur gängigen Bezeichnung entwickelte.

Strangford Lough ist fast vollständig von Land umgeben. Nur am südlichen Ende, zwischen den Orten Strangford und Portaferry,

besteht eine schmale Verbindung zur Irischen See. Diese Verbindung, bekannt als „The Rapids", ist nur um die 500 Meter weit, was sehr starke Strömungen verursacht. Das Wasser fließt hier mit einer Geschwindigkeit von bis zu 8 Knoten, das sind etwa 14 Stundenkilometer. Und genau hier findet man die ersten wilden Bewohner des Strangford Lough. Die Cloghy Rocks, eine Gruppe von Felsen, die bei Ebbe freigelegt werden, sind ein bevorzugter Ruheplatz für Kegelrobben und Seehunde. Letztere ziehen hier im Sommer auch ihren Nachwuchs groß.

Graureiher, Kormoran und Krähenscharbe sind hier ebenfalls in großer Anzahl zu finden. Während aber der Graureiher regungslos und majestätisch darauf wartet, dass das Essen zu ihm kommt, ergreifen die beiden anderen Vögel die Initiative und unternehmen lange Tauchgänge in der Strömung. Der Kormoran und die Krähenscharbe sehen indes fast identisch aus; daher ist es sogar für erfahrene Ornithologen schwer, die beiden Vögel auseinanderzuhalten. Am ehesten gelingt eine Unterscheidung im Sommer während der Brutsaison. In dieser Zeit hat der Kormoran weiße Flecken auf den Oberschenkeln und unter dem Kinn. Die Krähenscharbe trägt ganzjährig ein schwarz schimmerndes Federkleid mit leichtem Grünstich.

Der Großteil der Flora und Fauna des Strangford Lough bleibt den meisten Beobachtern allerdings verborgen. So tummeln sich unter der Wasseroberfläche etwa 2000 Tierarten, darunter verschiedene Seesterne, Seeanemonen, Krebs- und Schalentiere und natürlich Fische wie Seelachs, Lippfisch, Flunder und sogar der Riesenhai.

Das ruhige Nordende der Bucht offenbart bei Ebbe große Watt- und Salzwiesenflächen, die von einer faszinierenden Flora bedeckt sind. Am oberen Uferabschnitt findet man unter anderem den Queller und Strandflieder, die beide zweimal täglich von Salzwasser umspült werden und trotzdem gedeihen. Wenige Meter weiter findet man Seegras und andere Algenarten. Diese Pflanzen sind das tägliche Brot der Vogelwelt des Strangford Lough. Neben Rotschenkel, Knutt, Kibietzregenpfeifer, Brachvogel und anderen Wattvögeln sind am Strangford Lough – zumindest temporär – vor allem Gänsevögel zu finden. Um die 26.000 Atlantische Ringelgänse überwintern hier jedes Jahr. Dazu gesellen sich Grau- und Kanadagans, Schnatter-, Schell-, Krick-, Reiher- und andere Enten, der Gänsesäger und auch Sing- und Höckerschwan.

Während die Ostseite des Strangford Lough mehr oder weniger in einer geraden Linie von Norden nach Süden verläuft, präsentiert sich die Westseite weniger unkompliziert. Hier dominiert ein Irrgarten aus Inseln, die teilweise mit dem Festland und miteinander durch Dammstraßen verbunden sind. Diese Inseln sind Drumlins und weisen auf den Ursprung des Meeresarms hin. Drumlins entstehen durch die Bewegung von

Gletschereis auf lockerem Gestein und anderen Ablagerungen. Im Laufe der Zeit erhalten die typischen langgestreckten Hügel die Form eines umgekehrten Löffels.

Auf den Inseln finden sich kleine Wälder, Getreidefelder und zahlreiche kleine Häfen, Ufermauern und Landungsplätze. Viele der Inseln befinden sich in Privatbesitz und sind ganzjährig bewohnt. Heute wie auch in der Vergangenheit ist der Wasserweg der einfachste und schnellste Weg, um sich auf dem Strangford Lough fortzubewegen. Mahee Island ist eine der größten Inseln, die man auf dem Landweg über Reagh Island und eine Reihe von Dammstraßen erreicht. Auf der Insel befinden sich die Reste eines der wahrscheinlich ältesten Klöster Irlands: Nendrum Monastery wurde vermutlich im 5. Jahrhundert gegründet. Neben einigen Grundmauern und einem Rundturm findet man hier auch eine Gezeitenmühle, die durch Jahresringchronologie auf das Jahr 619 datiert wurde, was sie zur ältesten der Welt macht.

▼ *Drumlins am Strangford Lough*

Für den Blumenfreund empfiehlt sich ein Abstecher zum Killard-Naturreservat, das auf einer kleinen Halbinsel am südöstlichen Ende des Strandford Lough liegt. Hier findet man unter anderem den Blaustern und eine Reihe von Knabenkräutern sowie die Pyramiden-Hundswurz.

Folgt man der Küstenstraße von Killard aus Richtung Süden und passiert sowohl Killough Harbour als auch Tyrella Beach, erreicht man schließlich das Murlough-Naturreservat, hinter dem sich die Mourne Mountains erheben.

Im Zentrum des Murlough-Naturreservats liegt eine 6000 Jahre alte Mischung aus Dünen- und Heidelandschaft, die mit einer Fläche von fast 300 Hektar – bezogen auf Irland – die größte ihrer Art ist. Die reiche Flora – unter anderem gedeihen hier der

▼ *Das Silent Valley*

Gewöhnliche Teufelsabbiss, die Silberdistel und die Pyramiden-Hundswurz – unterstützt mehr als 620 Arten von Schmetterlingen, Nachtfaltern und anderen Insekten. Mit etwas Glück trifft man den sehr seltenen Goldenen Scheckenfalter oder den etwas häufiger anzutreffenden Distelfalter. Ist man besonders aufmerksam, kann man hier auch Irlands kleinstes Säugetier, die Zwergspitzmaus, finden, die sich oft in von Käfern gegrabenen kleinen Höhlen in den Dünen versteckt.

Auf der Meeresseite der Dünen befindet sich ein langer Sandstrand mit wunderbaren Blicken auf die Mourne Mountains. Hier kann man oft Ringelgänse, Alpenstrandläufer und Seidenreiher beobachten. Letztere waren einst eine echte Rarität in Irland, haben sich aber über das letzte Jahrzehnt in vielen Gegenden Irlands etabliert.

Die Mourne Mountains sind vermutlich Irlands markanteste Bergkette. Der höchste der kegelförmigen Gipfel, Slieve Donard, erreicht eine Höhe von 850 Metern. Benannt ist der Berg nach St. Domangard, einem der frühen Anhänger St. Patricks. Vor dieser Zeit war der Berg unter dem Namen Sliab Slánga bekannt. Slánga ist eine mystische Figur aus Irlands Frühgeschichte, die in manchen Quellen als Irlands erster Arzt beschrieben wird und angeblich auf dem Gipfel des Berges begraben liegt.

Eines der auffälligsten Merkmale der Mourne Mountains ist eine Mauer, die sich in einem großen Kreis über das gesamte Gebirge und auch bis zum Gipfel des Slieve Donard erstreckt. Die Mourne Wall misst eine Länge von insgesamt 35 Kilometern und überquert 15 Berggipfel. Erbaut wurde die Mauer zwischen 1904 und 1922, um ein Wassereinzugsgebiet abzugrenzen. Im Herzen dieses Gebiets liegen die Silent Valley- und Ben Crom-Stauseen, die bis heute nicht nur den Großteil der Grafschaft Down mit Wasser versorgen, sondern auch als beliebtes Ziel für Wochenendausflügler gelten.

In der Vergangenheit waren die Berge allerdings weniger der Erholung verschrieben. Die einheimischen Bauern trotzten den Berghängen fruchtbare Felder ab, die bis heute, umgeben von Steinmauern, fortbestehen. Zudem entwickelten sich die Mourne Mountains für die vielen Auswanderer zu einem Symbol für Heimat und wurden von dem irischen Liedermacher Percy French 1896 in dem Lied „The Mountains of Mourne" verewigt, wobei der Song aus der Sicht eines irischen Auswanderers in London geschrieben wurde.

Oh, Mary, this London's a wonderful sight,
With people all working by day and by night.
Sure, they don't sow potatoes, nor barley, nor wheat,
But there's gangs of them digging for gold in the street.
At least when I asked them that's what I was told,
So I just took a hand at this digging for gold,
But for all that I found there I might as well be
Where the Mountains of Mourne sweep down to the sea.

Percy French

Die Geschichte der Mourne Mountains begann vor etwa 400 Millionen Jahren. Vorwiegend Schlamm-, Schiefer- und Sandsteine, das Grundgestein für den Großteil der Grafschaft Down, wurden damals niedergelegt. Vor ungefähr 60 Millionen Jahren, als auch der Giant's Causeway weiter nördlich entstand, war die Gegend, in der sich die Mourne Mountains befinden, Schauplatz

▶ *Die Mourne Mountains vom Osten aus gesehen*

vulkanischer Aktivität. Anders als in der Grafschaft Antrim gab es hier aber keine Magmaausbrüche. Stattdessen formten sich unter den Oberflächengesteinen gewaltige Blasen aus flüssigem Gestein, wodurch die Oberflächengesteine angehoben wurden. Das flüssige Material erhärtete schließlich und wurde zu Granit, der heute den Großteil der Mourne Mountains bildet. Die älteren Oberflächengesteine wurden zum Großteil Opfer der Erosion, nur einige wenige Überreste überlebten auf den Gipfeln im äußersten Westen und Osten der Berge. Hauptverantwortlich für die Erosion der alten Gesteine waren die Gletscher der Eiszeit, die schließlich auch die typischen kegelförmigen Berge und tiefen Täler aus dem Granit schnitten.

Die tiefen und oft dauerhaft im Schatten liegenden Täler haben natürlich einige Legenden hervorgebracht. Eine dieser Legenden erzählt von einem namenlosen Tal, felsig, karg, gefährlich und unberührt. Ein Bach mit Wasser so kalt, dass es jeden, der es trinken würde, zu Eis erstarren ließe, fließt durch dieses Tal und in einen klaren Bergsee. Am Rande des Sees liegt ein Erdhügel mit einem Dolmen, bestehend aus fünf massiven Steinplatten. Es heißt, dass hier M'Caurro, ein grausamer und gefürchteter irischer Stammesführer begraben liegt. Dieser soll vor seinem Tod einen Pakt mit dem Teufel abgeschlossen haben, der es ihm erlaubt, einmal im Jahr auf die Erde zurückzukehren, um einerseits sein Grab in Stand zu halten und zum anderen seinen selbst im Tod unersättlichen Blutdurst zu stillen. Bis zum heutigen Tag verschwinden Wanderer in den Mourne Mountains, und es ist sehr zu empfehlen, sich besonders nach Einbruch der Dunkelheit von den Bergen und Tälern fernzuhalten.

Die Täler und unteren Berghänge sind heute weitgehend von Deckenmooren bedeckt und nur die höchsten Gipfel offenbaren das Granitgestein. Eine Reihe von kleinen Waldgebieten erstreckt sich am Fuße der

Mourne Mountains. Einer der schönsten ist der Tollymore Forest Park in der Nähe des Badeortes Newcastle. Hier windet sich der Shimna River durch einen teilweise angelegten und teilweise natürlichen Mischwald und wird von insgesamt 16 Brücken überspannt. Eine Herde von in den 1970ern ausgesetzten Damhirschen lebt auch heute noch in der Gegend. Außerdem findet man hier das Rote Eichhörnchen, das in den letzten Jahrzehnten in vielen Teilen Irlands von dem nicht einheimischen Grauhörnchen verdrängt wurde, sowie den Dachs, den Baummarder, den Eisvogel, die Wasseramsel und den in Irland sehr seltenen Buntspecht.

Die gesamte Gegend hat sich als eines der besten Wandergebiete Irlands etabliert und bietet zahlreiche Routen aller Schwierigkeitsgrade.

▼ *Felder und die Mourne Mountains im Spätsommer*

HIGHLIGHTS

– Strangford Lough und die Mourne Mountains

- **MAHEE ISLAND** – Mahee und das angrenzende Reagh Island zählen in landschaftlicher Hinsicht zu den schönsten und abgeschiedensten Ecken am Strangford Lough. Auf Mahee Island findet man außerdem die auf einem Hügel erbaute Nendrum Abbey mit wunderbaren Ausblicken über den Strangford Lough.
  Koordinaten Parkplatz: 54.498927 / -5.6469240

- **MOUNT STEWART / GREY ABBEY** – Grey Abbey ist ein kleiner Ort am Ostufer des Strangford Lough. Bei Ebbe lassen sich hier gut Vögel beobachten; außerdem kann man hier auch die Pflanzen des Sees erforschen. Am Ortsrand findet man die Ruinen einer alten, immer etwas bedrohlich wirkenden Abtei. Nur wenige Kilometer nördlich von Grey Abbey liegt Mount Stewart, ein altes Herrenhaus, umgeben von einem der schönsten Gärten Irlands.
  www.nationaltrust.org.uk/mount-stewart
  Koordinaten Parkplatz:
  54.532792 / -5.5606564 (Grey Abbey)
  54.550004 / -5.6001609 (Mount Stewart)

- **CLOGHY ROCKS** – Die Cloghy Rocks sind ein Naturreservat am Südende des Strangford Lough. Neben einer beeindruckenden Flora kann man von hier auch gut Kegelrobben und Seehunde beobachten.
  Koordinaten Parkplatz: 54.354298 / -5.5514386

▸ **MURLOUGH NATURE RESERVE** – Das Murlough-Naturreservat ist landschaftlich eines der schönsten in Irland. Das 6000 Jahre alte Dünensystem ist außerdem eine Schatztruhe für Blumen- und Schmetterlingsfreunde. Ein Netzwerk von Pfaden und Bohlenwegen macht es einfach, das Naturreservat zu erkunden.
www.nationaltrust.org.uk/murlough-national-nature-reserve
Koordinaten Parkplatz: 54.253824 / -5.7475221

▸ **TOLLYMORE FOREST PARK** lässt sich über vier gut ausgeschilderte Wanderwege erforschen. Am schönsten ist das Waldgebiet im Herbst. Neben einheimischen Arten findet man hier auch einige Exoten wie z. B. den Korkbaum.
Koordinaten Parkplatz: 54.225860 / -5.9399054

▸ **SILENT VALLEY MOUNTAIN PARK** – Das Silent Valley liegt nahezu im Herzen der Mourne Mountains und ist der beste Ort, um die Berge zu erleben, ohne viele Kilometer laufen zu müssen. Eine Reihe von gut markierten Wanderwegen verschiedener Distanzen und Schwierigkeitsgrade beginnt hier.
Koordinaten Parkplatz: 54.122126 / -6.0030429

▲ *Der Blick von Reagh Island*

REISEINFORMATIONEN

– Strangford Lough und die Mourne Mountains

ANREISE

Strangford Lough erreicht man von Süden aus über die A2 und A25 Richtung Downpatrick. Von Norden (Belfast) gelangt man zum Strangford Lough über die A21 Richtung Newtownards.

Die Mourne Mountains liegen östlich der Stadt Newry. Man erreicht die Berge von hier über die A2 Richtung Warrenpoint und folgt dann der Küstenstraße Richtung Newcastle.

UNTERKUNFT UND VERPFLEGUNG

Die größte Stadt am Strangford Lough ist Newtownards am Nordende des Meeresarms mit einem großen Angebot an Unterkünften, Restaurants und Supermärkten. Kleinere Ortschaften wie Greyabbey, Portaferry und Strangford bieten ebenfalls eine Reihe von Unterkünften und Restaurants, Einkaufsmöglichkeiten sind allerdings eher eingeschränkt vorhanden.

Die beste Basis, um die Mourne Mountains zu erkunden, ist Newcastle mit einer guten Auswahl an Unterkünften, Restaurants und Supermärkten.

Bezahlt wird mit dem Englischen Pfund.

ANGEBOTE

- **Geführte Wanderungen:**
  www.mournemountaintours.com
  www.mountainsojourns.co.uk
  www.ardspeninsulatours.com
- **Bootstouren/Kayaktouren:**
  www.clearsky-adventure.com

▲ *Das südliche Ende des Strangford Lough in der Nähe von Portaferry*

WANDERWEGE

Die Mourne Mountains bieten ein großes Angebot an Wandermöglichkeiten von einfachen Waldpfaden bis hin zu mehrtägigen Bergtouren. Der Silent Valley Mountain Park und der Tollymore Forest Park sind ein guter Startpunkt. Für diejenigen, die einen richtigen Wanderurlaub im Sinn haben, empfiehlt sich das Buch „The Mourne Walks“ von Paddy Dillon.
www.walkni.com/destinations/mourne-mountains
www.walkni.com/walks/582/mourne-wall-challenge/
www.outdoorni.com/local-outdoors/venues/silent-valley

BESTE JAHRESZEIT

Frühling, Spätsommer und Herbst.

INTERNET

www.visitmournemountains.co.uk
www.visitardsandnorthdown.com

◀ *Der Blick über den Carlingford Lough ...where the Mountains of Mourne sweep down to the sea*

O

4

DER OSTEN

ZWISCHEN DUBLIN UND DEM SHANNON

◄ *Upper Lake in Glendalough*

Die Osthälfte Irlands unterscheidet sich sehr deutlich von der Westküste der Insel. Majestätische Gebirgszüge und dramatische Steilklippen sucht man hier vergeblich. Die Landschaft hat einen eher sanften Charakter und wird dominiert von Feldern und Hecken, deren Rhythmus nur von den zahlreichen Seen und Flüssen unterbrochen wird. Der größte dieser Flüsse ist der Shannon, der durch das Zentrum Irlands, bekannt als die Midlands, fließt. Entlang seines Weges formt der Fluss drei große Seen, Lough Arrow, Lough Ree und Lough Derg, und seine Ufer bilden eines der interessantesten Naturgebiete Irlands, die Shannon Callows.

Die Callows sind eine Überschwemmungsebene, die sich hauptsächlich zwischen dem Südende des Lough Ree und der Stadt Athlone sowie dem Nordende des Lough Derg und der Stadt Portumna erstreckt. Der Shannon windet sich hier durch eine flache Landschaft, die von seit Jahrtausenden bewirtschafteten Wiesen und Feldern geprägt ist. Im Sommer gedeihen hier üppige Heuwiesen, während der Herbst vermehrten Niederschlag bringt, woraufhin sich die Gräben entlang der Felder langsam mit Wasser füllen. Zum Jahreswechsel hat der Fluss meist seine Bahn verlassen und

die Wiesen und Felder in eine weite Seenlandschaft verwandelt. Im Frühjahr, meist die trockenste Zeit des Jahres, zieht sich das Wasser wieder zurück, hinterlässt aber nährstoffreichen Schlamm. Dieser ist verantwortlich für die außergewöhnlich fruchtbaren und artenreichen Wiesen entlang des Shannon. Diese Wiesen gehören zu den wenigen in Irland, die nicht regelmäßig umgepflügt, entwässert, neu angesät und mit Kunstdünger aufgebessert werden. Das Resultat ist eine für die heutige Zeit ungewöhnliche Artenvielfalt, die schon bei den Gräsern beginnt. Wiesen-Lieschgras, Gewöhnliches Ruchgras und Wolliges Honiggras sind nur einige der hier gedeihenden Arten, die man anderswo kaum noch findet. Zwischen den Gräsern wachsen Rotklee, Engelwurz, Gemeiner Baldrian, Wiesenraute, Großes Zweiblatt, Weiße Waldhyazinthe, Fliegen-Händelwurz und viele andere Wildblumen.

▲ *Lough Derg ist der größte der Shannon-Seen.*

Neben einer Vielzahl von Insekten ziehen diese Wiesen vor allem Vögel an. Die Shannon Callows sind eines der Hauptbrutgebiete für Watvögel in Irland. Schnepfe, Brachvogel und Kiebitz sind nur einige der hier brütenden Vögel. Diese bekommen im Winter Unterstützung von Sing- und Zwergschwan, Blässgans, Pfeif- und

▲ *Die Shannon Callows im Sommer*

Löffelente. Zum Frühlingsanfang schließlich dienen die Callows als Rastplatz für Zwergbrachvogel und Uferschnepfe auf ihrer langen Reise von Afrika nach Island. Bis vor einigen Jahren konnte man in den Shannon Callows auch noch den mittlerweile nur noch selten vorkommenden Wachtelkönig beobachten. Der kratzende Ruf, der im lateinischen Namen des Vogels („Crex crex") verewigt ist, wurde hier zum letzten Mal im Jahr 2015 gehört. Im Jahr 2017 schätzte man die Population im ganzen Land auf etwa 140 männliche Vögel, ein kontinuierlicher Rückgang von 230 im Jahr 2014, 183 im Jahr 2015 und 168 im Jahr 2016.

Der beste Ort, um die Shannon Callows zu erforschen, befindet sich nördlich der Klostersiedlung Clonmacnoise, wo eine Reihe von Feldwegen Zugang zu den Wiesen gewähren. Die Gegend ist auch in historischer Hinsicht sehr interessant. Clonmacnoise war im frühen Mittelalter eine der größten Lehrstätten Europas und zog Studenten aus vielen Ländern an. Die besondere Lage des Klosters an der Esker Riada, der damaligen Hauptstraße von der Ostküste hin zur Westküste, machte Clonmacnoise außerdem zu einem bedeutenden Handelszentrum.

Die Esker Riada erstreckte sich entlang einer vom Schmelzwasser der eiszeitlichen Gletscher angehäuften Hügelkette, die vorwiegend aus Sand und Kies besteht. Diese Straße stellte den sichersten Weg dar, um über die endlosen und kaum passierbaren Hochmoore zu gelangen, die damals die Midlands und weite Teile der Osthälfte Irlands bedeckten.

Das größte dieser Moorgebiete ist das Bog of Allen, das sich über nahezu 1000 Quadratkilomter über die Grafschaften Offaly, Meath, Kildare, Laois und Westmeath erstreckt. Kurz nach Ende der letzten Vergletscherung waren die Midlands eine tundraartige Landschaft, übersät mit Flüssen und flachen Seen. In letzteren liegt indes der Ursprung der Hochmoore. Die Seeufer waren dicht mit Armleuchteralgen besiedelt, die im Laufe der Zeit zusammen mit dem Schlamm des Seebodens und den Überresten anderer Seebewohner, insbesondere Schnecken, eine dicke Suppe bildeten. Diese eignete sich optimal als Nährboden für andere Pflanzen, zuerst für

▼ *Die alte Bog Railway im Bog of Allen*

Wasserlilien und Wasserpest und schließlich für Rohrkolben und Schilf. Über die Jahre drang so die Uferlandschaft weiter und weiter in den See vor, alte Blätter, Stämme und Blüten sanken auf den Seeboden und lagerten sich dort Schicht für Schicht ab, bis aus dem See ein Marsch geworden war. Ein kleiner Teil dieser Marschlandschaft hat bis heute überlebt; er befindet sich im Pollardstown Fen in der Grafschaft Kildare am Rande des Bog of Allen.

Eine Änderung des Klimas – es wurde deutlich wärmer und die Niederschlagsmengen nahmen in erheblichem Maße zu – war seinerzeit der erste Schritt zur Entstehung der Hochmoore. Anschließend kam es zu einem abfallenden Grundwasserspiegel, der die meisten Seen und Marschen buchstäblich auf dem Trockenen sitzen ließ. Infolgedessen mussten die Pflanzen mit dem nährstoffarmen Regenwasser auskommen, was einen grundsätzlichen Wandel in der Vegetation einläutete: Heidekraut, Pfeifengräser, Wollgras, Sonnentau und besonders der Hauptbaustein der Hochmoore, das Torfmoos, übernahmen die Herrschaft. In den folgenden Jahrtausenden breitete sich nun das Moor aus: Junge Pflanzen wuchsen auf den Überresten ihrer Vorgänger, die in der wassergesättigten, sauerstoffarmen Umgebung nicht verrotteten, sondern zu Torf wurden. Jahr für Jahr, Schicht für Schicht türmten sich die Pflanzen, bis sie eine Höhe von mehreren Metern erreicht hatten.

In ihrer Blütezeit bildeten die irischen Hochmoore endlose Flächen von farbenfroher Vegetation: lila Heidekraut, grüne, gelbe und rote Mooshügel, bläulich schimmernde Gräser und dazwischen kleine, im Sonnenlicht glitzernde Tümpel. Leider bot Torf In dieser fast baumlosen Landschaft das einzige Brennmaterial, was die ersten menschlichen Bewohner bald herausfanden. Heute ist von den irischen Hochmooren nicht mehr viel übrig. Die private Nutzung von Torf als Brennmaterial hatte zuerst keinen großen Einfluss. Erst als vor etwa 100 Jahren der irische Staat begann, Torf im großen Stil abzubauen, um damit Kraftwerke zu füttern, begannen die Hochmoore langsam zu verschwinden. Die kommerziell genutzten Moorflächen, bekannt als Cutover Bog, erstrecken sich über die gesamten Midlands und sind kein wirklich schöner Anblick. Die endlosen braunen Flächen, durchzogen von Entwässerungskanälen, erinnern an eine Szene aus einem Endzeitfilm.

▸ Irish Eyebright, eine typische Dünenblune

Kleine Flecken von intaktem Hochmoor befinden sich in Lullymore in der Nähe des Bog of Allen Nature Center. Im Besucherzentrum selbst kann man sich eingehend über die Geschichte der irischen Hoch- und Deckenmoore und deren Flora und Fauna informieren.

An der östlichen Grenze des Bog of Allen, ganz in der Nähe des Pollardstown Fen, liegt eine der ungewöhnlichsten Landschaften Irlands, der Curragh of Kildare. Dabei handelt es sich um eine weite Grasebene, die größte ihrer Art in Europa, die in ihrer heutigen Form seit mehr als 2000 Jahren existiert. Abgesehen von einer Herde von Schafen, die heute ein wichtiger Faktor für die Erhaltung der Landschaft sind, wurde der Curragh nie bewirtschaftet. Folglich gibt es hier Pflanzen, die anderswo der modernen Landwirtschaft zum Opfer gefallen sind, und auch viele bodennistende Vögel finden im Curragh of Kildare einen geschützten Lebensraum.

Den Grund für die besondere Bedeutung des Curragh findet man in irischen Geschichten und Legenden. Der Curragh ist eng mit St. Brigid verbunden, die einen ähnlichen Status wie Irlands Nationalheiliger St. Patrick genießt, und ist auch unter dem Namen „St. Brigid's Pasture" („St. Brigids Weide") bekannt. Im Jahre 480 plante St. Brigid, in der Grafschaft Kildare ein Kloster zu gründen, und bat den damaligen König von Leinster um Land. Dieser war zwar nicht willens, sich auch nur von dem kleinsten Fleckchen Land zu trennen, versprach ihr aber augenzwinkernd alles Land, das sie mit ihrem Mantel bedecken konnte. Daraufhin breitete

Brigid ihren Mantel aus und dieser verhüllte die gesamte Ebene des Curragh. Über die Jahrhunderte war der Curragh Sammel- und Musterplatz für das Militär, Schlachtfeld und Schauplatz für Boxkämpfe und Pferderennen. Letztere finden auch heute noch auf dem Curragh statt, und die Grafschaft Kildare ist weltweit bekannt für ihre Pferdegestüte.

Von Kildare ist es dann auch nicht mehr weit zu Irlands Hauptstadt Dublin. Naturwunder erwartet man kaum in einer Großstadt mit über 1 Million Einwohner. In Dublin findet man allerdings genau das: ein Naturreservat, das nicht nur inmitten der größten

▼ *Der Hafen von Howth, ein Hafenort am Nordende des Dublin Harbour*

Stadt Irlands liegt, sondern auch von Menschenhand erschaffen wurde. Der Hafen von Dublin hatte lange Zeit ein massives Problem mit Versandung. Die Gezeiten von der einen und die Liffey von der anderen Seite transportierten große Mengen an Schlick und Schlamm in die Hafengegend, regelmäßiges Ausbaggern löste das Problem aber immer nur kurzfristig und eine dauerhafte Lösung wurde notwendig. Im 18. und 19. Jahrhundert wurden schließlich zwei massive Mauern erbaut: Die Great South Wall wurde 1730 fertiggestellt und die North Bull Wall 1825. Diese Mauern leiteten die Ablagerungen weg von der Fahrrinne in die Nordhälfte der Dublin Bay. In den folgenden Jahrzehnten wuchs in der Nordhälfte der Bucht eine Insel, Bull Island, und zwischen der Insel und dem Festland bildete sich Marschland. Heute ist Bull Island von Dünen bedeckt, die eine Reihe von Wildblumen beherbergen, unter anderem die Bienen-Ragwurz, Echte Sumpfwurz und die Pyramiden Sumpfwurz. Seehunde und Kegelrobben legen an der Nordspitze der Insel häufig eine Rast ein. Ringelgänse, Seidenreiher und Brachvögel nutzen das Nahrungsangebot im Marschland auf der Westseite der Insel, Kiebitzregenpfeifer, Austernfischer und andere Watvögel sieht man in großer Anzahl auf dem Strand auf der Ostseite von Bull Island. Seit 1981 ist die Insel ein UNESCO-Biosphärenreservat und seit 1988 ein Naturreservat.

Ein weiteres Naturreservat findet man im Süden der Dublin Bay. Eingezwängt zwischen der Rock Road, der Küstenstraße entlang der Bucht, und den Schienen der DART, Dublins Nahverkehrszug, liegt Booterstown Marsh, eine von Süß- und Salzwasser gespeiste Marschlandschaft, die im Stadtgebiet von Dublin den wichtigsten Lebensraum für zahlreiche Vögel darstellt. Sumpf- und Wasserhuhn, Krickente, Schnepfe, Austernfischer, Alpenstrandläufer, Knutt, Seiden- und Graureiher sind nur einige der hier vorkommenden Arten.

Irlands Osten und die Midlands sind eine überwiegend flache Region, sieht man von einigen wenigen alleinstehenden Hügeln ab. Fast genau in der Mitte dieser Kulturlandschaft erheben sich recht unauffällig die Slieve Bloom Mountains, eine flache Bergkette, deren höchster Punkt gerade einmal 527 Meter erreicht. Man sieht es ihnen nicht an, aber die Slieve Bloom Mountains sind mit die ältesten Berge Europas und waren einst mehr als 3000 Meter hoch. Die Berge bestehen vor allem aus über 300 Millionen Jahre altem Sandstein, von dem man allerdings nicht viel sieht. Die Berge selbst sind von Deckenmoor bedeckt, während die Täler fast durchgehend mit einer Mischung aus kommerziellen Nadelbaumplantagen und halbnatürlichem Mischwald bewachsen sind.

Das vermutlich schönste dieser Täler ist Glenbarrow. Ein Wanderweg führt hier entlang dem Fluss Barrow, durch Nadel- und Mischwald, vorbei an Wasserfällen und schließlich auf den Ridge of Capard, einen der Gipfel der Slieve Bloom Moutains. Die Berge und Täler der Slieve Blooms sind ein Geheimtipp unter Wanderfreunden. Mittlerweile ist die Gegend von einigen gut ausgeschilderten Wanderwegen durchzogen.

Nach einer Wanderung in den Slieve Bloom Mountains sollte man noch unbedingt einen Abstecher nach Tullamore machen. In der Stadt, die nur wenige Kilometer nördlich der Slieve Blooms liegt, findet man nicht nur die Tullamore Dew Whiskey-Brennerei, sondern auch eine der ältesten Eichen Irlands, die Charleville King Oak. Der Baum steht am Eingang der Charleville Estate und hat eine enge Beziehung zu den Eigentümern des Anwesens, der Hutton-Bury-Familie. Der Legende nach wird ein Mitglied der Familie immer dann der Tod ereilen, wenn der Baum einen Ast verliert. Im Jahr 1963 spaltete ein Blitzeinschlag den Hauptstamm des Baums und nur wenige Tage später verstarb das damalige Familienoberhaupt. Zufall…? Heute sieht der knapp 20 Meter hohe Baum fast schon gespenstisch aus. Ein Gewirr von Ästen entspringt den nun zwei Hauptstämmen. Einige dieser Äste haben ein Eigenleben entwickelt und schlängeln sich über eine Länge von bis zu 27 Metern, wenige Zentimeter über dem Boden, in alle Himmelsrichtungen. Viele davon wurden gestutzt, um ein Abbrechen zu verhindern. Aus gutem Grund, wie man weiß.

▶ *Die Charleville King Oak*

HIGHLIGHTS

– Zwischen Dublin und dem Shannon

▸ **SHANNON CALLOWS / CLONMACNOISE**
Die Shannon Callows mit ihren blühenden Heuwiesen sollten, wenn möglich, im Sommer besucht werden. Man sollte allerdings auf den Feldwegen bleiben, um nistende Vögel nicht zu stören.

Die Klosterruinen von Clonmacnoise direkt am Shannon sind auch unbedingt einen Besuch wert.
Koordinaten Parkplatz: 53.327237 / -7.9831016

▸ **SLIEVE BLOOM MOUNTAINS / GLENBARROW** – Die Slieve Bloom Mountains haben sich als beliebtes Wanderziel etabliert. Die vermutlich schönste Tour in den Bergen führt nach Glenbarrow. Der Weg folgt hier dem Fluss Barrow, der sich über Wasserfälle und Stromschnellen durch ein bewaldetes Tal windet.
Koordinaten Parkplatz: 53.123143 / -7.4508887

▸ **BOG OF ALLEN / LULLYMORE** – Das Bog of Allen Nature Centre liegt im Zentrum eines der größten Torfabbaugebiete Irlands und bietet Ausstellungen und Informationen über die Geschichte der irischen Hochmoore. In der Nähe des Besucherzentrums befindet sich außerdem ein intaktes Hochmoorgebiet, das über einen Plankenweg erforscht werden kann.
www.ipcc.ie/visitor-attraction/bog-of-allen-nature-centre
Koordinaten Parkplatz: 53.278591 / -6.9423523

▸ **KING OAK / CHARLEVILLE** – Diese imposante Eiche liegt am Stadtrand von Tullamore und gehört zum alten Charleville-Anwesen. Der Baum ist einer der schönsten und gleichzeitig einer der gruseligsten Bäume Irlands.
www.charlevillecastle.ie
Koordinaten Parkplatz: 53.265198 / -7.5096116

▸ **BULL ISLAND** – Die Dünenlandschaft von Bull Island und ihre Blumenwelt lassen sich über eine Reihe von Pfaden erkunden. Es empfiehlt sich, hier keine Wertgegenstände im Auto zu lassen, da organisierte Diebesbanden in der Gegend häufig ihr Unwesen treiben.
www.northbullisland.com
Koordinaten Parkplatz: 53.368856 / -6.1481623

▸ **BRÚ NA BÓINNE** – Das Flusstal der Boyne ist Irlands historisch wichtigste Landschaft. Entlang dem Fluss liegen zahlreiche historische Monumente wie Newgrange, Knowth und der Hill of Tara. Daneben ist das Boyne Valley auch landschaftlich außergewöhnlich schön.
www.discoverboynevalley.ie

▲ *Lough Cloghan, ein Moorsee in der Grafschaft Offaly*

REISEINFORMATIONEN

– Zwischen Dublin und dem Shannon

ANREISE

Die beiden Hauptrouten durch die Irischen Midlands sind die M6 (von Dublin nach Galway) und die M7 (von Dublin nach Limerick). Die beiden Autobahnen sind durch die N52 und N62 miteinander verbunden. Von diesen beiden Straßen lassen sich alle Sehenswürdigkeiten erreichen.

Bull Island in Dublin liegt an der R807 und lässt sich am einfachsten vom Norden über die M50 / R139 / R105 erreichen.

UNTERKUNFT UND VERPFLEGUNG

Athlone, Rosrea und Tullamore eignen sich gut als Basis, um die Midlands zu erkunden. Ein gutes Angebot an Supermärkten und anderen Einkaufsmöglichkeiten ist vorhanden, die Verfügbarkeit von Unterkünften und die Öffnungszeiten der Restaurants sind allerdings saisonabhängig. Die Midlands sind touristisch weit weniger entwickelt als die Westküste oder Dublin und die Saison beschränkt sich auf wenige Wochen im Sommer. Außerhalb dieser Zeit empfiehlt es sich, weit im Voraus zu planen.

Dublin bietet ganzjährig ein großes Angebot an Unterkünften, Supermärkten und Restaurants, ist allerdings nicht gerade günstig.

ANGEBOTE

- **Bootstouren:**
  www.vikingtoursireland.ie
  www.barracudaboattrips.com
- **Naturpark:**
  www.loughboora.com

▲ *Die überfluteten Wiesen der Shannon Callows im Winter*

WANDERWEGE

Die besten Wandermöglichkeiten in den Midlands finden sich in den Slieve Bloom Mountains. Eine Reihe von Pfaden erstreckt sich hier durch die bewaldeten Täler und die moorbedeckten Gipfel der Slieve Blooms.

Ebenso empfehlenswert ist der Mullingar to Athlone Greenway. Dieser 40 Kilometer lange Wander- und Radweg folgt den alten Eisenbahnschienen von Athlone nach Mullingar.
www.slievebloom.ie
www.athlone.ie/visit/old-rail-trail-athlone-mullingar-greenway

BESTE JAHRESZEIT

Frühling, Spätsommer

INTERNET

www.athlone.ie
www.irelandsancienteast.com
www.visitdublin.com

◄ *Möwen an der Liffey im Stadtzentrum Dublins*

DER SONNIGE SÜD-OSTEN

◄ *Sonnenuntergang am Lough Ree*

Irlands Südosten, bestehend aus den Grafschaften Wicklow, Wexford, Waterford, Kilkenny und Carlow, ist bekannt als „The Sunny South East", „der sonnige Südosten". Statistisch gesehen hat man hier die meisten Sonnenstunden und den wenigsten Niederschlag, was aber nicht heißt, dass es hier nicht auch für einige Tage am Stück durchregnen kann.

Besonders in den Bergen, den Wicklow Mountains, die nur wenige Kilometer südlich von Dublin liegen und seit 1988 den Status eines Nationalparks innehaben, halten sich die Regenwolken gerne auf. Es ist deshalb nicht überraschend, dass der Großteil der Berge mit Deckenmoor bedeckt ist, ein an der Ostküste eher seltener Lebensraum. Die Wicklow Mountains erstrecken sich über eine Ebene von mehr als 500 Quadratkilometern, schließen ganze 39 Gipfel ein, die eine Höhe von über 600 Meter erreichen, und werden von drei Passstraßen durchzogen. Zwei dieser Pässe, Sally Gap und Wicklow Gap, sind mit fast 500 Metern die höchsten in Irland, im Winter regelmäßig mit Schnee bedeckt und daher oft unpassierbar.

Wie die meisten irischen Gebirge wurden auch die Wicklow Mountains von Gletschern in ihre heutige Form gebracht. Die

trotz ihrer beachtlichen Höhe sanft geschwungenen Berge wechseln sich mit weiten Tälern ab, die mit wildromantisch klingenden Namen wie Vale of Avoca, Vale of Clara, Glen of the Downs, Glen of Imail oder The Devil's Glen versehen sind. Hier findet man einsame Bergseen, malerische Flussläufe und, neben von Menschenhand geschaffenen Nadel- und Laubwäldern, auch einige der wenigen ursprünglichen Eichenwälder der irischen Ostküste. Das bekannteste dieser Täler ist das Vale of Glendalough, das Tal der zwei Seen. Den Eingang des Tals bewacht eine im 6. Jahrhundert gegründete Klostersiedlung, die neben Clonmacnoise die beeindruckendste Erinnerung an das frühchristliche Irland darstellt. Von der Klostersiedlung, die auch als „Monastic City of Glendalough“ bekannt ist, führt ein Wanderweg entlang dem ersten See, dem Lower Lake, am Fuß der bewaldeten Hänge des Derrybawn Mountain zum zweiten See des Tals. Das Ufer des Upper Lake bietet einen der schönsten Ausblicke Irlands. Zwischen steilen, teilweise bewaldeten Berghängen erstreckt sich die Wasseroberfläche des Sees, über der am frühen Morgen häufig Nebelschwaden wabern, und dahinter erheben sich die Gipfel der Wicklow Mountains am

▲ *Die Saltee Islands vom Festland aus gesehen*

Ende des Tals. Der trittsichere Wanderer kann über ein Netzwerk von Wanderwegen das gesamte Tal erkunden und mit etwas Glück einige der seltenen Pflanzen des Wicklow-Mountains-Nationalparks entdecken, wie zum Beispiel den Alpen-Frauenmantel, das Sumpf-Knabenkraut, die Weiße Höswurz und die Ginster-Sommerwurz. Letztere ist ein Parasit, der sich auf den weitverbreiteten Ginster spezialisiert hat. Die Ginster-Sommerwurz selbst ist allerdings sehr selten und wurde nur an sieben Orten gefunden, alle in der Grafschaft Wicklow. Vogelfreunde kommen im Nationalpark ebenfalls auf ihre Kosten: Auf den Seen kann man unter anderem den seltenen Gänsesäger beobachten, in den Bergen findet man das Moorschneehuhn und in den Wäldern den Buntspecht, der sich erst im letzten Jahrzehnt hier etabliert hat. Die Wicklow Mountains gehören auch zu den besten Orten in Irland, um den Irischen Schneehasen zu beobachten. Dieser stellt eine Unterart des Schneehasen dar, die nur in Irland zu finden ist. Der Irische Schneehase ist etwas kleiner als seine schottischen und skandinavischen Verwandten und behält im Winter seine braune Färbung. Die am besten geeignete Jahreszeit, um die Tiere zu beobachten, ist der Frühling, die Hauptpaarungszeit des Irischen Schneehasen. Die Tiere treten in dieser Zeit in größeren Gruppen auf und sind so mit sich selbst beschäftigt, dass sie Zuschauer weitgehend ignorieren.

Die menschlichen Einflüsse lassen sich in den Wicklow Mountains nur schwer leugnen. Neben den malerischen Kirchen und Klöstern sieht man auch die oft weniger augenfreundlichen Überreste der einst florierenden Bergbauindustrie. Zwischen dem 12. und 17. Jahrhundert wurde vorwiegend Eisen abgebaut, danach lag der Schwerpunkt auf der Gewinnung von Blei. Eine der eigens für die Arbeiter geschaffenen Siedlungen findet man am oberen Ende des Vale of Glendalough.

In der Nähe der Stadt Enniskerry liegt das Powerscourt-Anwesen. Das heutige Haus, dessen Terrasse wunderbare Aussichten über die östlichen Ausläufer der Wicklow Mountains gewährt, wurde 1741 fertiggestellt. Über die darauffolgenden Jahrhunderte wurde das Haus weiter ausgebaut und eine große Gartenanlage angelegt. Heute zählt es – ebenso wie die umliegenden Gärten – zu den beliebtesten Attraktionen Irlands. Der schönste Teil des Anwesens liegt allerdings in einem kleinen Tal abseits der künstlich angelegten Pracht. Der Powerscourt-Wasserfall ist der höchste in Irland. Der Fluss Dargle stürzt hier 121 Meter in die Tiefe – vor allem nach starkem Regen ein atemberaubender Anblick. Direkt neben dem Wasserfall stehen einige Küstenmammutbäume, eine Art, die eigentlich in Kalifornien heimisch ist und in Irland entsprechend selten vorkommt. Der höchste erreicht heute eine Höhe von 46 Metern. Ein Großteil dieses Baumbestands ist das Werk des 7. Viscount Powerscourt, der 1904 verstarb, zu seinen Lebzeiten tausende von Bäumen aus aller Welt pflanzte und vermutlich sehr stolz darauf wäre, dass einer seiner Bäume heute der höchste in Irland ist. Eine Douglas-Fichte am Rande des Powerscourt-Gartens erreicht eine Höhe von fast 62 Metern.

◄ *Im Herzen des Wicklow Mountains Nationalparks*

▼ *Der Blick von der Terrasse des Powerscourt House*

Verlässt man die Wicklow Mountains, empfiehlt sich ein Abstecher an die Irische See. Die Küste der Grafschaft Wicklow wird dominiert von langen Sand- und Kieselstränden, die nur von kleinen Landspitzen unterbrochen werden. Folgt man dem Küstenverlauf Richtung Süden, gelangt man zur Grafschaft Wexford und schließlich zum Wexford Harbour, einer weiten, geschützten Bucht, an deren Nordseite die Wexford Slobs liegen. Vor dem 19. Jahrhundert waren die Slobs, die einige Meter unter dem Meeresspiegel liegen, noch eine Insellandschaft. Im frühen 19. Jahrhundert begann man dann mit den ersten Versuchen, diese Landschaft trocken zu legen, was schließlich mithilfe eines kilometerlangen Deiches gelang. Der Großteil der Slobs wird heute landwirtschaftlich genutzt, der menschliche Eingriff in die natürliche Ordnung des Wexford Harbour brachte aber auch zwei Naturreservate hervor. Das Raven-Naturreservat ist eine Sandbank am Nordostende der Bucht, die durch die Erbauung des Deiches stabilisiert wurde. Aus der Sandbank wurde ein Dünensystem, das heute mit dem Festland verbunden ist und landesweit als einziger Standort des Rundblättrigen Wintergrüns und als einziger Schlafplatz für die hier überwinternde Grönländische Blässgans gilt. Die Tage verbringen die Gänse nur wenige Flügelschläge weiter westlich im Wexford Wildflowl Reserve, einer Mischung aus Feldern, feuchten Wiesen und Kanälen.

Irland war seit jeher einer der Überwinterungsorte für die Grönländische Blässgans. Das Trockenlegen der Hochmoore im späten 19. und frühen 20. Jahrhundert zerstörte allerdings den Großteil des Lebensraumes. Die Wexford Slobs entstanden zum genau richtigen Zeitpunkt und die Gänse nahmen die Gegend als ihr neues Winterquartier an. Einige Tausend Tiere, etwa 30 Prozent der gesamten Population Grönlands, finden sich hier jedes Jahr ein. Die Grönländische Blässgans ist aber nur ein Teil der hier vorzufindenden Vogelwelt. Insgesamt gibt es in den Wexford Slobs mehr als 250 Vogelarten, wobei es sich größtenteils um Zugvögel aus Kanada, Skandinavien, Russland und natürlich Grönland handelt. Ringelgans, Singschwan, Zwergschwan, Tafelente, Pfeifente, Kiebitz, Brachvogel, Alpenstrandläufer und Goldregenpfeifer sind nur einige wenige Arten, die man hier beobachten kann. Ein Besucherzentrum mit detaillierten Informationen, Unterstände und befestigte Wege machen es einfach, die Vogelwelt der Wexford Slobs zu erkunden.

Wer dann von Vögeln immer noch nicht genug hat, braucht nur einige Kilometer weiter in südliche Richtung nach Kilmore Quay reisen. Dieser malerische Fischerort ist der Abfahrtshafen für einen Besuch der Great Saltee, einer von zwei Inseln, die 5 Kilometer von der Küste entfernt liegen. Beide Inseln sind seit 1943 in Privatbesitz und die meiste Zeit unbewohnt, sieht man von den Tausenden Vögeln ab, die hier jeden Sommer ihren Nachwuchs großziehen. Die Inseln sind Eigentum der Neale-Familie, die nicht nur das Ziel verfolgt, die dortige Artenvielfalt zu erhalten, sondern diesen besonderen Ort auch mit anderen teilen möchte.

▼ *Grönländische Blässgänse im Wexford Wildfowl Reserve*

» All people young and old, are welcome to come, see and enjoy the islands, and leave them as they found them for the unborn generations to come see and enjoy. It was never my intention to make a profit from these islands. Day visitors are welcome to come and enjoy at no cost. Bird watchers will always remain welcome.

Michael the First

Die Great Saltee erwacht im Mai zum Leben. Neben einer wahren Blumenpracht – Klippen-Leimkraut und Hasenglöckchen tauchen die Insel in ein weiß-blaues Farbenmeer – verkünden die Brutvögel der Insel die Ankunft des Sommers. Basstölpel (um die 3000 Paare), Papageientaucher (um die 2000 Vögel), Schwarzschnabelsturmtaucher (um die 250 Paare), Eissturmvogel (um die 500 Paare), Tordalk (um die 4000 Vögel), Trottellumme (mehr als 21.000 Vögel), Dreizehen- und andere Möwenarten, Kormoran und Krähenscharbe nutzen jeden Zentimeter der Steilklippen entlang der Südseite der Insel. Am beeindruckendsten sind die zwei Basstölpelkolonien. Die Vögel sitzen hier dicht an dicht auf ihren Nestern, die alle in exakt abgemessenem Abstand gerade so außerhalb der Schnabelreichweite der Nachbarn liegen. Der Luftraum über den Kolonien ist ebenfalls voller Vögel, es herrscht ein ständiges Kommen und Gehen – für den Beobachter ein Bild des perfekten Chaos. Da die Vögel hier seit Jahrzehnten in Ruhe gelassen wurden, nehmen sie Menschen nicht mehr als unmittelbare Gefahr wahr und die Flucht- oder Angriffsdistanz ist deutlich geringer als an anderen Kolonien. Gerade deswegen sollte man aber den brütenden Vögeln mit großem Respekt begegnen. Die Great Saltee gehört den Vögeln. Wir Menschen sind nur Besucher.

Zurück auf dem Festland kann man dann das Ballyteigue-Naturreservat besuchen, das sich westlich von Kilmore Quay erstreckt. Dieser 9 Kilometer lange Kiesel- und Sandstrand mit angrenzenden Dünen, Watt und Marschland beherbergt neben einer Reihe von überwinternden Vögeln einige interessante Wildblumen wie das Tausendgüldenkraut, die Dornige Hauhechel, Bilsenkraut und Sand-Thymian.

Zwischen den Städten Dungarvan und Tramore in der Grafschaft Waterford liegt die Copper Coast, eine wunderschöne, sanfte Klippenlandschaft. Der Name des Küstenabschnittes basiert auf der Bergbauindustrie, die hier im 18. und 19. Jahrhundert florierte. Blei, Silber und vor allem Kupfer (Copper) wurden hier abgebaut, zahlreiche verlassene Gebäude und Minenschächte erinnern an diese Zeit. Die Landschaft der Copper Coast wird dominiert von geschützten Buchten, oft mit weißen Sandstränden, zwischen denen sich malerische Steilklippen erstrecken. Diese bestehen aus einer ungewöhnlichen Mischung aus Sandstein und Schiefer, die an vielen Stellen von Gestein vulkanischen Ursprungs durchzogen werden. Im Jahr 2004 wurde der Copper Coast deshalb der UNESCO Global Geopark Status verliehen. Am schönsten präsentiert sich der etwa 30 Kilometer lange Küstenabschnitt im Frühjahr, wenn die Klippen- und Straßenränder mit blühenden Grasnelken bedeckt sind und sich die Landschaft in ein rosa Farbenmeer verwandelt.

Etwas abseits der Küste findet man das Fenor Bog, ein kleines Niedermoor, das hier in einer Senke nach der letzten Vergletscherung entstanden ist. Dieser sonst kaum erkundbare, aber faszinierende Lebensraum lässt sich hier über eine Reihe von Stegen sicher und einfach erforschen. Zu den Pflanzen, die man am Fenor Bog finden kann, gehören Bitterklee, Sumpf-Labkraut, Teich-Schachtelhalm, das wunderschöne Sumpf-Blutauge und eine ungewöhnliche Fülle an Johanniskraut.

▼ *Papageitaucher auf der Great Saltee*

HIGHLIGHTS

– Der sonnige Südosten

- **GLENDALOUGH** bietet eine perfekte Mischung aus historischen Monumenten und Natur und lässt sich über eine Reihe von Wanderrouten erkunden. Ein Teil der Wanderwege ist auch für Rollstühle geeignet.
  www.glendalough.ie
  Koordinaten Parkplatz:
  53.010281 / -6.3227866 (Lower Lake)
  53.007012 / -6.3444263 (Upper Lake)

- **LOUGH TAY**, auch bekannt als „The Guinness Lake“, liegt im Wicklow-Mountain-Nationalpark entlang der R759 und befindet sich in Privatbesitz. Die Ausblicke von der Straße über den See gehören zu den besten in Irland.
  Koordinaten Parkplatz: 53.107009 / -6.2561741

- **POWERSCOURT WATERFALL** – Der Powerscourt Waterfall ist der höchste in Irland und unbedingt einen Besuch wert.
  www.powerscourt.com
  Koordinaten Parkplatz: 53.146834 / -6.2100003

- **COPPER COAST** gehört zu den optisch schönsten Küstenabschnitten Irlands. Sie besticht mit einer Mischung aus Klippen, Buchten und Sandstränden.
  www.coppercoastgeopark.com

▲ *Cloghlea Woods im Wicklow Mountains Nationalpark*

▸ **WEXFORD SLOBS** – Ein Besuch der Wexford Slobs lohnt sich am ehesten im Winter. Zahlreiche in Irland überwinternde Vogelarten lassen sich hier beobachten. Ein Besucherzentrum bietet Informationen über die verschiedenen Vogelarten, einen Beobachtungsturm und Unterstände.
www.wexfordwildfowlreserve.ie
Koordinaten Parkplatz: 52.356378 / -6.4207898

▸ **GREAT SALTEE** – Ein Besuch der Great Saltee zählt zu den tollsten Naturerlebnissen in Irland. Auf der Insel findet man zahlreiche brütende Seevögel, Wildblumen und den unbeschreiblichen Inselcharme vor. Um nach Great Saltee zu gelangen, ist natürlich eine Bootsüberfahrt notwendig, wobei man für das letzte Stück noch in ein Schlauchboot umsteigen muss. Man sollte damit rechnen, dass die Füße nass werden.
www.salteeislands.info
www.visitkilmorequay.ie/angling-cruises
Koordinaten Parkplatz: 52.172205 / -6.5909194

REISEINFORMATIONEN
– Der sonnige Südosten

▸ ANREISE

Den Wicklow-Mountains-Nationalpark erreicht man von Dublin aus über die N11 und die R755. Eine der schönsten Routen durch den Nationalpark ist die R759.

Nach Wexford Town gelangt man ebenfalls über die M11 / N11. Die Wexford Slobs liegen nordöstlich der Stadt und sind gut ausgeschildert.

Kilmore Quay erreicht man von Wexford Town über die N25 und R739.

Die Copper Coast erstreckt sich zwischen den Städten Tramore und Dungarvan entlang der R675 und wird von Norden über die N25 erreicht.

▸ UNTERKUNFT UND VERPFLEGUNG

Es gibt einige Städte in der Nähe des Wicklow-Mountain-Nationalparks, die eine gute Auswahl an Unterkünften, Restaurants und Supermärkten bieten: Bray, Enniskerry, Wicklow Town oder Greystones.

Für einen Besuch des Südostens sind Wexford Town und New Ross gute Ausgangspunkte, während sich für die Copper Coast Dungarvan und Tramore empfehlen.

Unterkünfte gibt es auch in den kleineren Ortschaften (z. B. Kilmore Quay im Südosten oder Bunmahon an der Copper Coast), Einkaufsmöglichkeiten sind hier allerdings rar gesät.

▲ *Abendstimmung an den Wexford Quays*

ANGEBOTE

- **Geführte Wanderungen:** www.legendsofglendalough.com www.sugarloafadventures.ie
- **Kayak- und Bootstouren:** www.wexfordkayaksafari.com www.rivercruises.ie
- **Museum:** www.irishheritage.ie

WANDERWEGE

Durch die Grafschaft Wicklow führen zahlreiche Wanderwege. Sowohl leichte Küstenwanderungen als auch anstrengende Bergtouren sind möglich.

http://visitwicklow.ie/all-walks

Die Copper Coast ist ebenfalls ein guter Anlaufpunkt für Wanderfreunde und bietet insgesamt sechs Wanderrouten. Für eine dieser Wanderungen gibt es sogar einen Podcast mit Informationen über die Geschichte der Küste.

www.coppercoastgeopark.com/annestown-heritage-audio-trail

BESTE JAHRESZEIT

Frühling, Spätsommer und Herbst.

INTERNET

www.wicklowmountainsnationalpark.ie
www.visitwexford.ie
www.irelandsancienteast.com

NACHWORT

Eine grüne Insel im Atlantik

Irland wird nach wie vor als „Grüne Insel" vermarktet. Bei genauerem Hinsehen offenbart sich allerdings, dass Grün nur die Farbe der vielen Felder ist und dass selbst diese Farbe nicht auf natürliche Art entstanden ist. Vor einigen Jahrzehnten trugen die Felder Irlands noch die bunten Farben von Wildblumen. Diese traditionellen und zum größten Teil natürlichen Heuwiesen konnten allerdings nur einmal im Jahr gemäht werden, was den damals kleinen Bauernhöfen mit ihren kleinen Viehherden durchaus genügte. Moderne Bauernhöfe sind allerdings auf Massenproduktion ausgelegt, weshalb die alten Heuwiesen ertragreicheren Gräsern weichen mussten. Diese ermöglichen bei richtiger Düngung zwei bis drei Ernten pro Jahr. Als Folge sind nicht nur viele der Wildblumen verschwunden, mit ihnen verabschiedeten sich auch Bodenbrüter wie der Brachvogel und der Wachtelkönig, der heute in Irland nahezu ausgestorben ist.

Dies ist nur ein Beispiel eines sich sehr schnell verändernden Landes. Verschmutzte Flüsse und Seen, Zerstörung von Lebensräumen, Luftverschmutzung und Vermüllung sind weitere Probleme, mit denen das Irland des 21. Jahrhunderts zu kämpfen hat. Müll wird vor allem in Schutzgebieten mit hohem Besucheraufkommen zum Problem. Wer im Sommer mit offenen Augen durch

den Killarney-Nationalpark wandert, wird verstehen, wovon ich spreche. Auch die Küste ist stark von Vermüllung betroffen und die Hochwassermarke an vielen Stränden gleicht einer Müllkippe. Insbesondere in den großen Städten wie Dublin und Limerick nimmt auch die Luftverschmutzung zu. An einigen Orten werden bereits die von der EU gesetzten Grenzen überschritten.

Zu guter Letzt ist Irland auch noch einer der größten CO2-Produzenten Europas und hat bisher keines der selbst gesteckten Ziele zur Reduktion von Treibhausgasen erreicht. Besonders für ein Land wie Irland ist das reichlich paradox. Zusammen mit Großbritannien und den Niederlanden wird Irland eines der Länder sein, die am meisten unter dem Klimawandel leiden werden. Neben extremen Wetterphänomenen wie Orkanen und Trockenperioden wird Irland mit dem steigenden Meeresspiegel zu kämpfen haben. Die ersten Anzeichen hierfür gibt es schon: In Hafenstädten wie Cork und Galway kommt es während der Wintermonate seit einigen Jahren zu regelmäßigen Überflutungen.

Wie das Irland der Zukunft aussehen wird, ist ungewiss. Glaubt man den extremen Klimamodellen, wird in einigen Jahrhunderten von Irland nicht mehr viel übrig sein. Aus einer grünen Insel wird dann eine Gruppe kleiner, felsiger Inseln im Atlantik…

▲ *Inishowen Leuchtturm, Grafschaft Donegal*

▲ *Reise-Lesebücher im MANA-Verlag:*
Almut Irmscher
Das Irland-Lesebuch
www.mana-verlag.de